1879

LES
GENS QU'ON SALUE!

OUVRAGES DU MÊME AUTEUR

HISTOIRE, POLITIQUE

Journaux et Journalistes : Le *Journal des Débats*, avec 28 portraits, photographiés.	3 50
Journaux et Journalistes : Le *Siècle*, avec 28 port. photogr.	3 50
Journaux et Journalistes : La *Presse* et la *Liberté*, avec 14 portraits photographiés.	3 50
Journaux et Journalistes : La *Gazette de France*, avec le portrait de Théophraste Renaudot, son fondateur, et le fac-simile du premier numéro (1632).	3 50
Les Plaisirs de Bade, étude sur la forêt Noire et ses environs.	1 50
Les Orateurs de la Liberté, livraisons illustrées à 50 cent. Publication interdite en 1869.	
Les Prisons politiques : *Sainte-Pélagie*, 2e édition.	2 »

ROMANS

L'Homme noir, huitième édition, avec préface autographiée de V. Hugo.	1 50
Les Mauvaises Langues, vol. in-32 illustré.	1 »

SATIRES ET PAMPHLETS

Les Imbéciles, 2e édition.	3 »
Les Crétins de province, vol. in-18 illustré, 2e édition.	3 »
Les Abrutis, vol. in-18 illustré.	3 »
Les Infames de la bourse, in-18 jésus.	1 »
Les Tripots d'Allemagne, in-18 jésus, 2e édition.	1 »
Les Vieux Polissons, satire des mœurs de l'Empire, vol. in-18 jésus (saisi et condamné).	
La Forêt de Bondy, étude financière.	1 50

BROCHURES

La Première a Dupanloup, 2e édition in-4°.	1 »
Revenons a l'Évangile (saisie et condamnée).	
Le Travail : Projets d'organisation contre le chômage des ouvriers.	
Les Cinq centimes : Projet d'assistance générale et mutuelle.	
L'Almanach des Imbéciles.	
Le Suicide d'un Artiste toulousain.	
Les Prussiens a Dreux.	
La Défense de Dreux.	

Sous presse :

Le Jésuite rouge, roman, avec Henri Le Verdier.
Les Crimes religieux au XVIIIe siècle : L'Affaire Sirven.
La Vie de Judas, roman.

Imprimerie de Poissy — S. Lejay et Cie.

ALFRED SIRVEN

LES

GENS QU'ON SALUE!

ÉTUDES PARISIENNES

PARIS

E. DENTU, ÉDITEUR

LIBRAIRE DE LA SOCIÉTÉ DES GENS DE LETTRES

PALAIS-ROYAL, 15, 17 ET 19, GALERIE D'ORLÉANS

—

1879

Tous droits réservés.

LES
GENS QU'ON SALUE!

LES DERNIERS MOTS D'UN CONDAMNÉ A MORT

(Extrait d'une séance de Cour d'assises sous le second Empire).

Un silence se fit :
— Accusé, avez-vous quelque chose à dire pour votre défense ?

Nouveau silence.

Malgré les émotions d'une longue séance, l'auditoire haletant cherchait à surprendre sur le visage du condamné quelques traces d'une émotion visible.

L'accusé, d'une tenue irréprochable, restait impassible. Boutonné dans une redingote noire, coupée à la dernière mode, il continuait à promener sur l'assistance et sur les juges un regard froid et hautain. Sa confiance en lui était capable de faire frissonner les moins impressionnables.

C'était un homme d'une carrure superbe, de taille moyenne, aux cheveux noirs, au teint mat. Toute sa personne respirait l'intelligence et la distinction. Les dames, toujours nombreuses dans l'auditoire quand il s'agit d'une excitation pour leurs nerfs, le regardaient avec persistance et peut-être l'admiraient.

Pendant fort longtemps on avait pu espérer l'acquittement de l'accusé; ses réponses sobres, son habileté à se défendre, son silence surtout étaient du meilleur augure.

A la fin de la séance, une déposition inattendue lui avait arraché un sourire qui faisait mal, sourire de joueur qui, en perdant la partie, sait se dire sans sourciller : j'ai perdu !

. . . .

Il vivait, à Neuilly, un vieillard sans famille qui avait voué un culte à la science. Le hasard lui fait un jour tomber sous les mains un ouvrage de chimie organique du docteur de K***. Cet ouvrage, qui décelait chez son auteur un véritable génie scientifique, avait porté au plus haut degré son enthousiasme. Amené à faire sa connaissance, il s'était trouvé en face d'un homme jeune et plein d'avenir qui avait achevé par son éloquence la fascination qu'avaient commencée ses œuvres.

L'intimité s'était faite rapide entre eux : admiration d'un côté, déférence de l'autre, tout y concourait.

Cinq ans s'étaient à peine écoulés que, pour aider le jeune homme dans ses travaux, le vieux zélateur de la science ne trouvait rien de mieux que de le rendre, par donation entre vifs, deux ou trois fois millionnaire. Le vieillard cependant, voulant conserver de son vivant la jouissance de sa fortune, s'en était réservé l'usufruit.

M. de K*** était une organisation d'élite, comme il s'en voit, du reste, souvent à Paris.

Travailleur de jour et viveur de nuit, il avait trouvé moyen de résoudre ce problème réputé insoluble : mener de front beaucoup de travail et beaucoup de plaisir.

Le même homme qui savait oublier à ses heures ses ardentes convoitises, les retrouvait plus allumées que jamais en quittant son cabinet d'études.

Mêlé à tous les mondes, et courant du salon de la grande dame au boudoir de la courtisane, on le voyait partout, et il était cité parmi les gens faisant partie, sous l'empire, du fameux *tout Paris*.

Deux ou trois cent mille livres de rente étaient un appât bien tentant pour sa cupidité. Pour en jouir, il fallait attendre la mort du donateur.

Attendre ! Pourquoi ? que signifie d'attendre aujourd'hui ? c'est demain, c'est ce soir, c'est à l'instant même qu'il faut de l'argent pour ses plaisirs ou pour ses affaires.

Quel est l'homme très-fort qui accepte un obstacle entre ses désirs et leur réalisation immédiate ?

Il était très-fort. Ce qu'on appelle vulgairement la conscience se réduisait chez lui à la connaissance approfondie d'une époque où tout est pardonné à qui sait réussir.

Une découverte infernale avait germé dans son esprit : un acide nouveau auquel ne résistait aucune agrégation moléculaire.

Il en avait fait l'essai sur un bras humain détaché d'un sujet d'amphithéâtre. Le bras plongé dans le redoutable acide avait perdu jusqu'à ses os, confondus avec la chair dans une masse noirâtre.

Le vieillard disparaît. La seule chose qui fasse prendre un criminel, le corps de la victime, disparaît avec lui. L'impunité est assurée. L'envoi en possession provisoire des biens, provisoire d'abord, définitif ensuite, met immédiatement sa fortune entre les mains du jeune docteur.

Un beau matin le vieillard a disparu. Il vivait seul en philosophe. Qu'était-il devenu? nul ne le savait.

Si, un homme le savait. C'était le docteur. Un étouffement nocturne, un cadavre jeté dans une fosse, sans témoin, et dans cette fosse l'anéantissement de toute preuve, de toute trace.

Aussitôt après la mise en possession de cette fortune, le docteur, aussi calme que s'il se fût agi de la chose la plus simple, avait fait de lui-même des démarches pour arriver à retrouver les traces du vieillard, sans qu'il vînt jamais à l'idée de quiconque de suspecter son honorabilité et sa bonne foi.

Tout arrivait par surcroît au nouvel élu de la fortune : plaisirs, succès, décorations, promesse d'entrer à l'institut, toutes les faveurs qui peuvent combler un homme joignant l'intelligence à la richesse.

On juge de l'indignation causée au noble faubourg quand la nouvelle se répandit tout à coup *qu'un des leurs* venait d'être arrêté sous l'inculpation d'homicide.

Un être obscur, homme de confiance du vieillard, avait reçu l'argent de sa complicité. Il avait aidé le docteur, il s'était tû. Mais jugeant, au bout d'un certain temps, l'heure opportune pour augmenter le fruit de sa complicité, il avait essayé de *faire chanter* le docteur, qui l'avait repoussé de toute sa hauteur d'homme arrivé. De là, haine, jalousie et enfin dénonciation.

A l'audience, un médecin légiste, jaloux lui-même de la célébrité du docteur de K***, avait démontré tant bien que mal la présence de matières organiques dans le résidu en décomposition.

La preuve était convaincante à son avis.

Cependant l'avocat, déjà blanchi sous le harnais et spécialiste en matière de causes criminelles, avait fait tous ses efforts pour sauver par son éloquence la tête de son client.

— J'en ai sauvé bien d'autres ! avait-il dit.

Mais de K*** ne partageait pas cette illusion; aussi, malgré le geste de son défenseur, l'engageant à ne rien ajouter à son plaidoyer, l'accusé s'était levé, et d'un ton cynique et provoquant, il dit en s'adressant au Jury et à la cour :

— Au point où j'en suis, messieurs les jurés, j'ai peu de ménagements à garder. Je n'ai pas réussi, donc je suis coupable; et la vie que vous me donneriez aujourd'hui ne vaut pas la peine de vivre. Mais avant de quitter la société, permettez-moi de lui faire quelques adieux. C'est la seule grâce que je vous demande.

Il se passe ici une comédie sinistre, où vous êtes acteurs aussi bien que moi: souffrez que je vous dise ce que je pense de ces acteurs.

Par des chemins différents vous avez,

vous n'avez eu qu'un but comme le mien, qui se résume dans un mot : *arriver* !

Vous, Monsieur, vous avez par des tortures incessantes causées par la jalousie et le désespoir, provoqué la mort d'une femme honnête qui était la vôtre. Vous êtes à l'abri de la loi.

Vous, monsieur, vous avez ruiné par une faillite fictive un excellent père de famille qui s'est brûlé la cervelle. Vous êtes à l'abri de la loi.

Vous, monsieur, vous avez commis un attentat sur une jeune fille qu'on a fait passer pour folle afin de vous sauver. On vous a mis à l'abri de la loi.

Vous, monsieur, protégé par une séparation de biens frauduleuse, vous avez pû faire passer pour dettes ce qui n'était que des escroqueries. Vous êtes à l'abri de la loi.

Vous, monsieur, qui tenez une plume, vous avez, par des mensonges payés, trompé des milliers de gens sur des affaires véreuses dont vous connaissiez le fort et le faible. Vous êtes à l'abri de la loi.

Vous, monsieur, vous avez jeté à la prostitution une fille séduite et enceinte de vos œuvres, pour épouser une femme poitrinaire qui était riche. Vous êtes à l'abri de la loi.

Vous, monsieur, vous vous êtes associé à un jésuite pour faire déshériter des fils, et vous faire adjuger le plus clair de leur fortune. Vous êtes à l'abri de la loi.

Vous, monsieur, ancien préfet, vous avez fomenté sous roche une émeute, afin d'y faire disparaître vos créanciers, et vous avez été décoré pour ce haut fait. Vous êtes à l'abri de la loi.

Quant à vous, monsieur, vous vous êtes créé un faux titre par une dépêche télégraphique de commande, qui vous a permis de faire baisser les valeurs en bourse: Vous êtes à l'abri de la loi.

. . . . , ...

A chaque mot de cette tirade rapidement prononcée, l'avocat avait essayé d'imposer silence à son client. Mais celui-ci, grisé par cette bravade à la mort, n'en avait tenu aucun compte.

A ce moment il venait de se tourner vers la cour, et l'avocat cherchant un effet d'audience, s'était écrié en levant les bras au ciel :

— Malheureux ! vous aggravez votre situation.

Mais, avec le même sourire qui ne l'avait pas abandonné, l'accusé avait déjà repris la parole.

— Vous, monsieur le conseiller. . . .

— Vous, monsieur le président. . . . .

. . . .
. . . .
. . . .
. . . .
. . . .
. . . .
. . . .
. . . .

— Grâce ! messieurs, pour ce malheureux exalté !

Venait de s'écrier l'avocat en entendant cette dernière apostrophe.

— Rassurez-vous, maître, ma reconnaissance est la même. De tous les acteurs qui sont là, vous êtes encore le moins lugubre.

. . . .
. . . .
. . . .
. . . .
. . . .

Et le reporter se dit :

— Je ferai de cela trois cents feuilletons de cinq cents lignes.

— Et quant à moi, dit le condamné, j'ai déchargé mon cœur... J'emporte mon viatique [1].

---

[1]. Les suppressions ci-dessus ont été exigées au moment du tirage. (*Note de l'auteur.*)

LES ROIS DU JOUR

Nous avons beau créer des républiques et proclamer l'abolition de la royauté ; il y a des rois que les révolutions ne peuvent détrôner.

Ce sont les coquins, les spéculateurs éhontés.

Leur liste civile est dans nos portefeuilles et dans nos porte-monnaie. Ils lèvent sur leurs dupes une contribution illimitée.

Les coquins sont les rois du jour. Ils règnent par la toute-puissance de l'Écu. L'opinion publique, ils la bravent, souvent même ils prétendent la diriger ; et, quelquefois, ils justifient cette prétention.

Un proverbe allemand ou juif, (tous les allemands sont plus ou moins juifs) dit que l'argent mème le monde : *Geld fuhrt die welt.*

Se procurer (nous ne voulons pas dire gagner) de l'argent, n'importe par quelle voie, n'est-ce pas marcher à la conquête du monde ? Enrichissez-vous, *per fas et nefas*, et le plus vite possible.

Le travail, le travail honnête, c'est ridicule, et c'est trop long. D'ailleurs, l'homme à préjugés, celui qui veut devoir sa fortune à un travail honnête, celui-là travaille trop souvent pour les rois de l'époque, pour les coquins, pour les flibustiers de la bourse

Il a employé vingt ans de sa vie à former un capital. L'heure du repos va sonner pour lui.

Pauvre honnête homme !

Le flibustier le guette sous le péristyle de la Bourse ; il a flairé sa proie ; il a préparé ses trébuchets.

La fortune bravement gagnée à force d'intelligence et de travail, va s'engouffrer dans le coffre-fort des coquins.

Les malandrins, les écorcheurs du moyen-âge, attendaient les voyageurs sur la grande route. Ils sortaient de leurs châteaux armés à la légère, le faucon sur le poing, comme pour la chasse au vol.

Le mot voler n'a pas d'autre origine.

Franchement nous préférons les voleurs du moyen-âge aux aigrefins des temps modernes. Les premiers, du moins, ne trompaient personne. En apercevant de loin le burg ou le castel qui leur servait de repaire, les voyageurs savaient à quoi s'en tenir.

Ils pouvaient essayer de fuir; ils pouvaient s'armer, s'associer et se défendre.

Le flibustier de la bourse vole et pille sans danger et sans bruit. Ses armes sont les prospectus, les mensonges, les articles de journaux, les rapports, les devis, les calculs, les promesses qu'il fait miroiter pour aveugler ses victimes.

EXEMPLE :

« **AFFAIRE SPLENDIDE !!!**

Société en formation.

Un chemin de fer qui traverse l'Asie en diagonale, s'embranche sur les chemins russes, met en rapport la mer Caspienne avec la Baltique, la mer Blanche et le canal de Suez.

Garanties sur garanties. Concessions sur concessions. Des mines, des forêts, des prairies, des troupeaux de moutons, des troupeaux de rennes.

Voici la signature du shah de Perse, voici le paraphe du tzar, le seing du sultan et le sceau du khédive.

Ces souverains ont comblé la compagnie de priviléges et de subventions. Ils exécutent les travaux à leurs frais. Ils se chargent de faire poser les rails, etc., etc. »

La compagnie ne fera poser que les actionnaires.

Le capitaliste est entraîné.

Si on lui proposait une affaire raisonnable, loyale, pouvant produire six ou sept pour cent par an, il ne daignerait pas même l'examiner. Les flibustiers ont le talent de frapper les imaginations et de battre monnaie avec des nuages.

Il faut être juste : si les coquins méritent d'être châtiés sans pitié, il y a des dupes qui ont couru au devant du piége et dont la ruine est quelquefois une punition méritée.

Alors les Attila de la bourse remplissent un rôle, celui du fléau de Dieu.

Un exemple entre mille : il y a quelques années, un gros capitaliste avait une somme importante à placer ; on lui offre une affaire des plus solides. Il s'agissait d'un immeuble considérable que le propriétaire était pressé de vendre. Trois cent cinquante hectares. Terres de première classe, forêts, vignes, champs de blé, un château magnifique ; au milieu de tout cela, sept fermes, deux briqueteries en pleine exploitation, bœufs, moutons, mulets etc. Un chemin de fer, une grande route et un canal traversaient la propriété. Achetez, disait-on au capitaliste, vous pouvez payer comptant, le propriétaire vous abandonne le tout pour trois cent quarante mille francs, frais compris; l'immeuble vous coûte mille francs l'hectare, et vous acquérez, par dessus le marché, un matériel et des bâtiments qui valent cent mille francs au bas mot.

Vous revendrez au détail la terre que vous aurez achetée en gros, on vous paiera trois mille francs ce que vous aurez acheté mille francs. En vendant un tiers du terrain, vous rentrerez dans votre capital. D'ici à quelques années, vous aurez une propriété magnifique qui vous rapportera un minimum de dix mille francs de rente, et qui ne vous coûtera rien.

Vous aurez ainsi doublé votre capital sans l'exposer une seule minute.

— Où est la propriété?

— Dans l'un des plus riches départements du midi de la France, à treize heures de Paris par le grand central.

— C'est trop loin.

L'homme intelligent qui a fait cette belle réponse vient de perdre cinquante mille francs dans une spéculation de chemin de fer. Un chemin de fer en Amérique, il est vrai ; comme qui dirait un château en Espagne.

En France treize lieues c'est trop loin.

L'Amérique, trois mille lieues, c'est plus près.

Effectivement c'est plus près, grâce au flibustier qui se charge de supprimer les distances. Il transporte l'Amérique, il vous la présente dans un salon de la rue Vivienne ou de la rue de Provence.

Il fait couler le Mississipi sur la place de la Bourse. Il ouvre sur le boulevard Montmartre les placers de la Californie.

Entreprendre un vrai voyage, à quoi bon ? Le Parisien ne voyage jamais.

Et puis, le prospectus ! L'affaire n'est-elle pas inscrite à la cote officielle de la Bourse de New-York ? La Bourse de New-York n'a pas de cote officielle, — c'est égal. Souscrivez ! versez ! On ne verse qu'un dixième des actions. On espère bien ne jamais verser le reste. On tripotera, on agiotera.

Le flibustier ne se contente pas de voler l'argent de ses dupes ; il leur vole leur bon sens et leur probité. Du moins, son exemple, son conseil, son contact finissent par émousser le sentiment de l'honnêtez et du juste.

Réfléchir, penser, travailler, pourquoi donc ? Les imbéciles travaillent, les habiles s'enrichissent. Voyez-les à l'œuvre ! ils s'avancent tout doucement, ils se cachent dans l'ombre, ils vont modestement à pied.

Attention ! Prenez garde à cette voiture qui passe au grand trot de deux anglo-normands, des chevaux à dix mille francs la paire.

— Quel est donc le millionnaire qui se prélasse dans ce coupé en fumant un panatella de choix ?

— C'est X*** le petit boursier de l'année

dernière, aujourd'hui banquier et directeur de dix sociétés en commandite.

Jetez-vous de côté, il vous écraserait sans façon, comme sans façon il a pris votre argent.

Avec votre argent il a acheté les propriétés dont vous n'avez pas voulu. Il a, aux environs de Paris, une admirable villa; il a, dans un département éloigné, une terre seigneuriale. Il protège l'agriculture ; il préside des comices ; il gagne des prix, il en distribue. Il est déjà conseiller général ; il sera quelque jours député... s'il ne trébuche pas à l'audience de la police correctionnelle.

C'est la pierre d'achoppement, mais l'homme est habile.

Il connaît son code pénal, il se flatte de cotoyer la loi sans franchir la ligne imperceptible entre la coquinerie qu'elle tolère et l'escroquerie qu'elle défend.

Corruption ! Corruption !

Le drôle de la bourse, si adulé, si encouragé sous l'empire, vous offre tous les exemples de corruption.

A cet homme qui a improvisé sa richesse, il faut des plaisirs improvisés. Sa fortune est scandaleuse ; il aura des plaisirs scandaleux.

Des jouissances de l'esprit, des distractions de l'intelligence, il n'en veut pas. Il ne les comprendrait pas.

Ses maîtresses, d'ailleurs, ne recherchent d'autres excitations que celles de la vanité : des diamants, des voitures, des dentelles, des chevaux.

Les théâtres se conforment au programme.
Le financier n'est-il pas le maître ?

Des scènes fortement épicées ; des exhibitions de chair humaine, des femmes décolletées de haut en bas et de bas en haut, voilà ce qu'il faut à ces messieurs et à ces dames ! Cette vue les met en joie et facilite leur digestion. Voilà ce qui florissait sous le sieur Bonaparte, aux applaudissements des gens de sa maison peu soucieux de l'art et des nobles pensées.

Et voilà ce que la police d'une République ne doit plus tolérer.

Assez des produits de l'Empire ! Assez de nausées et de pestilences ! Qu'on balaye au plutôt ces écuries d'Augias !

J'ai parlé d'art. Savez-vous à quoi il le font servir, ces polissons de la finance ? A orner les boudoirs de ces dames et à réveiller leurs appétits malsains.

Mais la justice ? La justice ne sait pas tout. Il lui faut des preuves et les coquins savent les supprimer.

Et puis il y a la prescription. L'escroquerie est à l'abri de la justice quand elle peut invoquer une impunité de trois ans. Elle est à l'abri de la peine prononcée, quand elle a su se dérober pendant cinq années. Cinq années que l'on peut passer en Suisse, en Amérique ou ailleurs.

Au pis aller, le flibustier paie sa dette à la patrie. Il ne subit pas toujours le maximum de la peine, cinq ans. Sa captivité, adoucie par toute sorte de consolations, dure quelques mois, et c'est fini.

L'argent volé ne se retrouve pas, les valeurs sont en sûreté. On va vivre en pays étranger. Tout s'oublie. Les pauvres dupes ne reconnaissent plus celui qui les a dépouillées. Elles-mêmes ont disparu, emportées par les mille courants de la vie parisienne.

Le flibustier peut donc sûrement revenir à Paris. Et gardez-vous d'avoir trop bonne mémoire. Si vous lui rappeliez l'origine de sa fortune, la loi vous donnerait tort, et l'opinion publique serait contre vous.

Il y aurait quelque chose à faire, n'est-ce pas ?

Oui, soumettre toutes les opérations financières à un contrôle terrible, nommer des inspecteurs pour surveiller le tripot autorisé de la place de la Bourse, mais surtout et avant toutes choses, supprimer les agents de change, la plus inutile et la plus immorale des institutions.

DEUX DÉBUTS DANS LA BOURSE

L'un, le sieur K***, a commencé, si je suis bien renseigné, marchand de bric-à-brac, rue Jacob. Peu à peu il a substitué aux antiquailles des nouveautés; puis il s'en est tenu aux meubles. Ses relations dans le monde des écoles étant très-étendues, il offrit ses services aux étudiantes poussées par le désir de *s'encocotter*, petites sottes qui troquent Cupidon contre Mercure, ce dernier fut-il cacochyme, impotent, vermoulu. Si elles acceptaient les offres du tapissier, ces dames se voyaient à l'instant même transportées quartier Bréda, ou Chaussée-d'Antin, dans un appartement somptueusement meublé.

— Demandez, demandez, leur disait le tapissier ; *monsieur* me fait des billets. J'ai ordre de satisfaire tous vos caprices.

Vous jugez si l'ex-étudiante s'en donnait. Tout cela allait bon train tant que *monsieur* payait les billets ; mais un beau jour, plus de *monsieur* ; il s'était envolé, et les billets n'étant plus payés, le tapissier faisait tout simplement déguerpir la pauvrette, dont il s'appropriait le mobilier, le loyer étant à son nom.

L'autre boursier, le sieur B***, agissait un peu de même, mais avec des ouvriers désireux de construire, et qui, n'ayant pas assez de fonds, lui empruntaient à de raisonnables intérêts et en faisant des billets, au fur et à mesure des besoins. Dès le début des constructions, si les lettres de change n'étaient pas payées, notre boursier se prêtait avec une grâce parfaite à les renouveler.

— Que cela ne vous tracasse pas, mes amis, leur disait-il ; vous êtes laborieux et honnêtes, j'ai sur vous les meilleurs renseignements ;

aussi ne craignez pas de puiser dans ma bourse. Allez, allez de l'avant, donnez à vos opérations toute l'extension que vous désirez, je suis là.

Emerveillés, nos constructeurs contractaient des engagements, doublaient leurs ouvriers; mais au moment ou l'édifice allait être couronné et que, pour la dernière fois, ils allaient renouveler leurs effets :

— Hélas! *mes amis*, faisait l'exploiteur, je viens d'être victime de la plus épouvantable catastrophe qui jamais ait ravagé être humain : une énorme faillite vient de me ruiner. Aussi, mes amis, non-seulement il m'est impossible, vous le comprenez, d'accéder à vos demandes, mais je me vois forcé d'exiger le paiement immédiat de vos billets. Je suis, du reste, à découvert avec vous d'une somme considérable, et bien que je n'aie aucune crainte... Enfin, il me faut de l'argent aujourd'hui même.

Les ouvriers, pris à l'improviste au beau milieu de leurs opérations, étant par conséquent dans l'impossibilité de faire honneur à leur signature, laissaient protester leurs billets, et quelques jours après, voyaient tomber dans les mains de celui qu'ils avaient cru leur bienfaiteur, ces constructions dans lesquelles ils avaient mis leurs épargnes, leurs sueurs, leurs espérances, leur vie.

Nous n'étonnerons pas nos lecteurs en leur annonçant que ce joli sire a été, pendant la guerre, l'un de ces fournisseurs de chaussures en carton-pâte et de pantalons-illusion qu'on a si justement flétris à la tribune de l'Assemblée nationale, mais que la Convention aurait bel et bien fait guillotiner jadis.

Une flétrissure, la belle affaire !

Dans le monde de la finance, les sieurs K*** et B*** passent pour des gens très-habiles, partant fort estimables.

Ils ne se sont pas laissé pincer.

Voilà.

LA MAISON CRÉSUS & Cie

Il n'est pire injustice que celle des grands ou des riches envers les petits ou les pauvres.

Parce qu'elle est compliquée d'égoïsme et de lâcheté.

Il est des gens qui marchent sur l'homme du peuple comme sur un insecte, sans souci, sans regret, sans conscience.

L'insecte, parfois, se venge, il est armé ; mais l'homme du peuple, le déshérité de tous les temps et de tous les pays, ne peut rien contre les abus des puissants de la terre.

Il y a de cela quelques années (en 1863), le caissier d'une maison de banque toujours florissante, remarqua la disparition d'un billet de mille francs; on le crut égaré, on n'y pensait plus, lorsqu'un jour revint le billet, portant des signatures plus ou moins bien imitées. Il y avait un faussaire dans la maison : Quel était-il ?

Après réflexion, on se dit : les ouvriers gagnent trop peu pour vivre, c'est parmi eux que doivent se trouver le ou les faussaires.

C'est évident. Une dénonciation est adressée au commissaire de police. Celui-ci charge ses agents de faire une enquête, qui fut longue et minutieuse. A plusieurs reprises, les agents s'adressèrent à celui qu'on supposait l'auteur du faux, mais rien dans ses réponses ni dans son attitude ne put justifier les soupçons; les employés eux-mêmes, suppléant la police, échouèrent complétement, malgré cette éloquence normande qui sied si bien aux gens d'affaires.

Fallait-il en rester là ? Oh! non. L'une des plus riches administrations de Paris ne pouvait accepter la perte de mille francs, dût-elle compromettre des innocents. Que lui importait!

La maison Crésus et C¹ᵉ décréta donc l'arrestation.

Et l'arrestation de l'ouvrier fut décidée.

On le saisit au moment où il se préparait, avec sa famille, à assister à une représentation donnée au profit d'un de leurs camarades dans l'infortune.

On le conduisit à Mazas, la sinistre prison.

Une longue instruction n'amena rien de nouveau, pas la plus petite preuve, pas le plus petit fait accusateur. Rien.

Les jours s'écoulaient, les mois aussi.

Que faire? Le détenir toujours. Et pourquoi? Peut-être l'avait-on oublié.

Enfin, après deux mois de prévention inutile, un gardien, un matin triste, ouvre la cellule des prisonniers et dit :

— Vous êtes libre !

— On a donc trouvé le coupable? s'écrie joyeux le prisonnier.

— Ce n'est pas mon affaire, reprend le gardien, vous êtes libre.

— La liberté n'est pas tout, se dit le prisonnier, après avoir franchi le seuil de la prison ; il y a encore l'honneur, la considération, le travail...

Et il se rend à son administration, il se présente à son chef direct.

— Monsieur, je sors de Mazas...

— Ah ! c'est vous, je suis satisfait de vous voir.

— Je désire savoir ce qu'on a décidé à mon égard.

— Revenez dans trois jours, je consulterai à ce sujet notre cher supérieur.

L'ouvrier revint à l'époque fixée.

On lui dit qu'après ce qui s'était passé, il ne pouvait plus faire partie de l'administration.

— Pourquoi cela ?

— Les usages s'y opposent.

— Mais, monsieur, je suis innocent.

— *Vous êtes trois fois innocent*, c'est notre avis. Mais les usages, et d'ailleurs, votre intérêt... vous comprenez, votre position serait fausse parmi vos camarades.

— Je ne comprends rien à tout cela... mais je sais qu'en sortant d'ici, après tous ces événements, ce sera d'un fâcheux effet au dehors, on pourra mal penser.

— Non, on inscrira sur votre livret : *sorti avec indemnité*. Le chef supérieur a décidé de vous donner la somme de quatre cents francs, que vous viendrez toucher dans quelques jours.

L'ouvrier s'en alla le cœur plein de tristesse. Il raconta à sa femme et à sa sœur la décision de ses chefs.

L'une et l'autre déclarèrent aussitôt et maintinrent énergiquement qu'il ne fallait pas accepter l'argent offert, parce qu'on avait droit à une autre réparation, à une réparation morale.

L'ouvrier fit observer que la misère serait grande dans le ménage, si l'on refusait ces quatre cents francs, puisque, depuis deux mois, il n'avait rien gàgné.

— Quoi qu'il arrive, refuse. Si notre travail de jour ne suffit pas, nous travaillerons la nuit ; s'il faut jeûner nous jeûnerons ; mais tu repousseras cet argent, nous le voulons. Ce qu'il faut, ce qu'on te doit, encore une fois, c'est une réparation complète, une réparation morale.

En effet, le lendemain l'argent fut refusé, au grand ébahissement de l'employé, qui le replaça gravement dans la caisse.

Quinze jours s'écoulèrent ; l'ouvrier chercha vainement du travail, et n'eut aucune nouvelle de ses chefs de la haute administration financière.

Ainsi, santé compromise par le séjour à Mazas, considération perdue, absence de travail, découragement, tels furent les premiers résultats d'une erreur commise par messieurs du lingot d'or, qui n'eurent pas le cœur, le courage, l'honnêteté de réparer leur faute;

sinon leur crime, autant qu'il était humainement possible.

Ils auront pensé, cela est commun, qu'un homme du peuple, ce n'est rien, parce qu'il n'a, pour réclamer, pour porter sa plainte, pour être cru, ni pouvoir, ni autorité, ni famille influente, ni position dans le monde, ni écho, ni possibilité d'écrire, ni journal pour publier, ni argent, ni temps, ni quoi que ce soit au monde pour se faire rendre justice.

Au contraire, ce pauvre homme qui n'avait rien pour se défendre, avait tout contre lui : le nom, l'autorité de son ennemi, les murs épais de l'hôtel, les domestiques, l'entourage, l'influence, la considération, tout un monde enfin qui le repoussait, le dédaignait, le méprisait et le condamnait sans l'entendre. Esprit de caste.

L'ouvrier s'est suicidé.

Ses camarades font une pension à sa veuve.

Que la mort de cet homme soit légère à la maison Crésus !

HARPAGON JOUISSEUR

L'Harpagon que je mets en scène et que tout le monde, à la Bourse, vous nommera, n'a rien de commun avec l'avare de Plaute ou celui de Molière, si ce n'est l'avarice.

C'est un produit tout nouveau de notre civilisation, qui n'a plus rien de commun avec l'immortel père Grandet de Balzac, ni avec le farouche Jacques Ferrand d'Eugène Suë.

Harpagon est un fils de la spéculation.

Il est né sur les marches de la Bourse, et il a tété à la fois avec le lait d'une nourrice mercenaire les principes de la soustraction et la soif de jouir et de paraître.

Harpagon est la contradiction vivante.

Il dépense dix mille francs sans sourciller, il les abandonne sans regret, s'ils sortent de sa poche pour aider sa réputation de magnifique, et il compte les morceaux de sucre qu'il donne à sa femme pour les besoins du ménage.

Il exige de ses domestiques une tenue soignée, il leur fournit souvent une livrée neuve, et il oblige sa femme et sa fille à porter des robes fanées et outrageusement raccommodées.

Harpagon donne des fêtes superbes où se rend le fameux tout Paris ; et pour ces solennités il emprunte aux bijoutiers les diamants, à la marchande à la toilette les dentelles qui pareront les épaules de sa femme et celles de sa fille.

Un jour il alla plus loin : il fit acheter par sa femme le cachemire de sa maîtresse.

Sa table privée est d'une parcimonie qui aurait fait jeter les hauts cris à ses ancêtres en avarice.

Et Harpagon donne chez sa maîtresse des

soupers fins, à la fine fleur des pois des gourmets célèbres.

Car Harpagon a une maîtresse, et une maîtresse qui tient un rang distingué dans la hiérarchie des filles de théâtre par le luxe de ses toilettes et la plantureuse abondance de sa maison.

Longtemps cette contradiction choquante a été expliquée, dans le monde où il vit, par la nécessité de consolider son crédit et de jeter aux yeux des gogos de la poudre d'or; mais cette explication a toujours été défectueuse.

Tel il est aujourd'hui, tel il a été de tout temps, dans son âge mur, dans sa jeunesse, je dirai presque dans son enfance, où les germes de ces déplorables dispositions poussaient déjà des tiges appréciables.

Le jour où il se maria, il ne prit point la peine de déguiser son odieuse nature, et c'est peut-être à cette audace incroyable qu'il doit d'avoir dupé aussi longtemps, non ses amis, il n'en a pas, cela se conçoit, mais ses connaissances.

A l'heure qu'il est, le richissime Harpagon a soixante-cinq ans. Son fils aîné, engagé à dix-huit ans, traîne de garnison en garnison son costume rapé, sans qu'il soit jamais venu à l'idée du père qu'un lieutenant d'infanterie vit difficilement avec sa solde.

Tandis que celui-ci porte noblement sa misère, sans jamais élever la voix pour réclamer quelque adoucissement à son sort, son jeune frère use sur les chaises d'une administration de chemin de fer ses culottes de surnuméraire.

L'avenir est sombre pour ces deux pauvres jeunes gens; mais que direz-vous de celui qui est réservé à leur sœur cadette?

Toujours enfermée avec sa mère, elle languit et s'étiole dans la grande demeure qu'elles habitent.

Et le pauvre diable qui passe devant la porte cochère, voit les laquais galonnés traverser la cour, et envie l'heureuse existence des propriétaires!

Toujours seules, les deux pauvres recluses, rivées à leur seuil par l'inexorable avarice de leur maître, voient les jours s'écouler lentement et entraîner dans un manteau de plomb les dernières espérances.

La mère, grande, sèche, couperosée, traîne son boulet avec une stoïque résignation.

La fille qui a depuis longtemps coiffé sainte Catherine, a perdu tout espoir de jamais sortir de cet enfer.

Elle en a pris son parti courageusement.

Quatre fois déjà elle s'est vue recherchée en mariage.

Elle a refusé, s'imaginant, tant son caractère s'est aigri et faussé, qu'on ne la recherchait qu'à cause de la grande fortune de son père.

Peut-être ne se trompait-elle pas.

Une fois, cependant, son long martyre a failli finir, mais alors c'est le prétendant épouvanté qui s'est retiré.

Ces deux victimes cherchent dans leur mutuelle tendresse à adoucir le sort l'une de l'autre, mais en vain.

Le maître n'est-il pas là, qui, à tout moment, pose son doigt brutal sur la plaie prête à se refermer !

C'est l'enfer, et l'exagération du sentiment du devoir les y cloue. Et pendant que cette effroyable misère étreint chez lui sa famille, Harpagon rit et chante chez sa maîtresse.

Ses convives mâles et femelles, ivres de vins, versent sur ses cheveux blancs couronnés de roses le trop plein de leur coupe vermeille.

Et Harpagon est heureux.

Les vins les plus illustres ruissellent sur la nappe souillée, et c'est à peine si, chez lui, sa femme et sa fille se peuvent chauffer avec le bois qu'il leur a parcimonieusement mesuré.

Harpagon se vautre dans l'orgie et Harpagon est heureux.

Mais Harpagon n'aime point sa maîtresse, il n'est pas nécessaire de le dire.

Harpagon aime-t-il davantage la crapuleuse débauche où il se roule sans honte? Pas le moins du monde.

Harpagon n'a pas de sens moral.

Harpagon est un un criminel inconscient.

Harpagon est un fou.

Mais le caractère de sa folie et de ses crimes a jusqu'alors échappé aux investigations de la science et à celles du parquet.

Comme je l'ai dit plus haut, ce type d'avare est tout **nouveau**.

Cette maladie date de l'Empire.

C'est l'effet d'un grand désordre dans la substance cérébrale, produit par ces trois causes diversement combinées, filles du siècle.

Le désir de posséder.

Le désir de jouir.

Le désir de paraître.

UN HONNÊTE HOMME!

Flic!... flac!

Ce bruit était celui d'une paire de soufflets que venait de recevoir, en plein boulevard, un monsieur appartenant aux « classes dirigeantes. »

L'effet produit avait, d'abord, été de rassembler, autour de l'agresseur, assez de gens pour faire un gros scandale. Justice à leur rendre, d'ailleurs : ces gens-là étaient au spectacle, parfaitement indifférents, mais curieux.

— Que se passe-t-il? les connaissez-vous? Qu'est-ce qu'il y a? A propos de quoi? S'agit-il d'une femme ou d'un chien?

Pendant que ces quolibets s'échangeaient de voisins à voisins, aussi disposés les uns que les autres à ne pas prendre parti dans la lutte, un homme, grisonnant, plus vieux que son âge, gesticulait, la figure empourprée, avec tous les signes d'une profonde indignation.

— Canaille! voleur! s'écriait-il, rendez-moi, au moins, le pain de mes enfants. C'est à Mazas qu'on met les gens comme vous.....

L'insulté, le front haut, l'ironie aux lèvres, faisait tête à l'orage avec un calme superbe, et cette attitude, dont il ne se départissait pas, pouvait faire croire à son bon droit. On sentait, d'ailleurs, dans sa contenance qu'il n'était pas de ces gens à laisser l'offense impunie.

Un homme, en effet, venait de fendre la foule et de s'approcher. Le reconnaissant aussitôt, la victime de l'agression venait de se tourner vers lui.

Après une rapide poignée de main :

— Je vous prie, cher ami, dit-il, de vouloir bien constater que je viens de recevoir de monsieur une insulte qui demande réparation et de vouloir vous joindre à moi pour lui demander sa carte.

— La voilà, répondit l'agresseur, qui, d'une main tremblante de colère, venait de tirer son portefeuille.

Un agent de la paix prononçait, d'une voix mâle, le traditionnel : — *Circulez, messieurs !* — et les deux adversaires s'éloignaient, l'un au bras de son ami en conservant toujours la fière attitude du gentilhomme outragé, l'autre, se retournant, de temps à autre, pour rouler à celui-ci des yeux fiévreux où l'on aurait pu voir poindre une larme.

Une voiture de place avait été hélée, et les deux amis y étaient montés, en donnant l'adresse d'un des beaux hôtels du boulevard Malesherbes.

Un quart d'heure après, ceux-ci se trouvaient en tête-à-tête, dans un cabinet de travail, comme n'en ont pas les ministres, et l'insulté, après s'être bien assuré que les portes étaient closes, avait tranquillement allumé un cigare.

— Je ne suis pas fâché de cela, avait-il dit, il circule sur mon nom certaines calomnies qu'il faut faire taire. Un coup d'épée, donné ou reçu, est pour cela topique.

— Connaissez-vous votre agresseur ?

— Fort peu, reprit-il en tirant de sa poche la carte qui lui avait été remise.

Puis, après un temps :

— Attendez donc. Si. Je me rappelle... un certain Dulaurier, avec qui j'ai été en compte. Un pauvre diable qui en veut à tout le monde de n'avoir pas fait fortune.

— A-t-il contre vous quelque grief personnel ?

— Vous savez, dans les affaires, celui qui n'a pas réussi a toujours des griefs personnels contre celui qui a réussi. Vous comprenez, d'ailleurs, qu'après ce qui s'est passé, il est inutile d'entrer avec lui dans aucun détail. Comme offensé, je choisis l'épée. Entendez-vous avec votre co-témoin pour le plus prochain jour et faites vite. Merci d'avance.

A peine l'interlocuteur était-il parti, qu'une charmante petite fille de cinq à six ans se précipitait dans l'appartement.

— Papa, nous allons au bois, en voiture, avec maman.

— Va, mon enfant; prends bien garde de t'enrhumer.

On n'aurait pu dénier à ce père de famille un véritable courage, car il y a courage et courage. Il est certain, tout au moins, que le courage procède d'une source plus ou moins noble, et que celui qui porte le chevalier d'Assas à se sacrifier à Clostercamp diffère de celui de l'assassin qui brave la guillotine pour forcer une caisse.

Outre la raison suffisamment déterminante d'une injure mortelle, M. Hélicard avait encore, pour se battre, une autre raison peut-être supérieure à la première. Depuis longtemps il s'attendait à ce duel comme on s'attend à un événement fatal et inévitable; j'irai plus loin : il lui était utile.

En remontant à quelques années au-delà, on voyait, à heure fixe, sur le boulevard, un jeune homme toujours affairé dont les gens les plus connaisseurs en matière d'homme disaient : — Il ira loin.

Cette conviction s'appuyait sur un ensemble de faits précis, assez anormaux pour être notés. D'abord, ce jeune homme, doué à vingt-cinq ans d'une maturité précoce, n'avait à son actif ni intrigues, ni maîtresses; ou, s'il en avait, cela devait tenir si peu de place dans sa vie que cela ne valait pas la peine d'en parler. A peine lui voyait-on fréquenter les courses en compagnie de quelques boursiers; il n'allait jamais au-delà de ces paris insignifiants qui font sourire les joueurs de profession.

Qu'était-il? que faisait-il? — Il faisait

des affaires. — En dehors des capitaux et des entreprises, rien ne lui était. Déjà, à cette époque, il n'eût tenu qu'à lui de trouver du crédit pour n'importe quoi, mais, comme les gens habiles, il attendait.

Son but précis, quoique difficile à atteindre, ne dénotait pas une maigre ambition. Ce qu'il convoitait était la puissance par l'argent, non pas telle que la rêvent les médiocrités militantes, c'est-à-dire avec quelques rentes modestes et bien assises, assurant la tranquillité sur les vieux jours. Il visait au grand et se tenait prêt à jouer quitte ou double.

Aussi, quand, un beau matin, il s'était trouvé héritier de trois cent mille francs, il avait raisonné ainsi :

— Quinze mille francs de rente : qu'est-ce que cela représente à Paris? L'existence d'un ancien concierge qui a obtenu le prix Monthyon. On habite rue Bourg-l'Abbé, au quatrième étage. On prend l'omnibus quand on sort de chez soi. On fait des économies pour élever une famille. C'est « le vieux jeu » tel qu'il est décrit dans les pièces de Scribe. A quoi sert alors l'intelligence ? Un homme arrivé doit aujourd'hui dépasser son million, avoir son hôtel, ses chevaux et sa voiture. Sa femme, pour être propre, doit, au moins, dépenser dix mille francs chez sa couturière; son fils doit avoir trois cent mille francs de dot, sa fille, quatre cent mille; il doit pouvoir, au moins, encourager une institution utile; en dehors de cela, on végète, on ne vit pas.

En soi-même le but n'avait rien que de très-louable. Malheureusement, M. Hélicard connaissait son époque, époque à laquelle on criera bientôt : à l'honnête homme, comme on criait jadis : à la chie-en-lit. Mais n'anticipons pas.

Quelque temps après son héritage, M. Hélicard montait une maison de commission.

L'installation en était sévère et confortable. Peu d'employés, mais tous actifs; lui-même, seul en nom, et toujours présent, donnait l'exemple du travail, en étant levé dès le point du jour et en quittant le dernier son fauteuil à clous dorés.

Il n'y avait pas besoin de tant que cela pour capter la confiance, quand déjà elle était acquise ; cependant Hélicard avait encore trouvé le moyen d'en forcer la dose par un procédé jusqu'alors inoui.

Il est d'usage, dans la commission, de faire toujours des règlements à trois mois pour le paiement des marchandises. Le nouveau venu débutait par des règlements au comptant et jetait immédiatement sur la place une valeur en numéraire de plus de deux cent cinquante mille francs. On en sait la source.

Ce coup de maître avait eu des conséquences obligées : un homme qui avait pu, du jour au lendemain, faire au comptant deux cent mille francs d'affaires, devait avoir derrière lui, soit par lui, soit par d'autres, des capitaux pour faire face à toutes les éventualités. On le pensait, du moins, et la maison Hélicard obtenait, presque aussitôt, un crédit de deux millions pour marchandises.

Ici, j'ouvrirais bien volontiers une parenthèse pour parler de ce qu'on appelle : un *homme très-fort* ; mot *très-fort* lui-même, qui indique bien aujourd'hui jusqu'à quel point l'opinion publique se soucie peu des moyens, pourvu qu'on arrive.

Avoir près de deux millions en main et se les approprier : tel était le problème ; mais les garder avec impunité, c'est là ce qui le compliquait. M. Hélicard était un homme *très-fort*, et il répétait après un magistrat expérimenté : — Ce sont les naïfs qui vont en correctionnelle. — Cette pensée est plus profonde qu'on ne le supposerait.

Bref, la réalisation des marchandises s'était faite à bref délai, et il était parti, sans laisser bien entendu son adresse.

Les dupes — et elles étaient nombreuses — n'avaient eu, direz-vous, qu'à porter plainte au parquet. — La belle avance ! Cela leur rendrait-il leur argent disparu ? — Assurément non. Cela mettrait simplement le « monsieur » à même de prescrire sa peine et, en définitive, de payer sa dette au prix d'un honneur dont il devait faire peu de cas.

— Encore un, s'étaient dit les dupes, qui va nous proposer un dividende... et la continuation de ses affaires, ce que nous ne manquerons pas de lui accorder pour rentrer dans tout ou partie de nos fonds.

Leurs prévisions étaient à moitié justes.

Dix-huit mois, deux ans s'étaient écoulés.

Un matin, l'un des créanciers les plus féroces, et pour cause — le malheureux avait une famille — M. Dulaurier voyait entrer chez lui un quidam tout de noir habillé, qui, par la mise et l'aspect, avait assez la mine d'un croquemort d'enterrement de première classe.

— A qui ai-je l'honneur de parler ? demandait M. Dulaurier.

— A maître Ponçonville, avocat, docteur en droit. Je viens vous voir pour la créance Hélicard.

— Soyez le bienvenu, Monsieur. J'ai eu affaire là à un fameux drôle.

— Je n'oserais vous contredire, Monsieur ; mais d'un mauvais payeur on tire ce que l'on peut.

— Asseyez-vous donc, je vous prie.

— La mission dont je suis chargé, m'est pénible, très-pénible. Veuillez donc, je vous prie, ne voir en moi qu'un mandataire qui s'acquitte d'une mission. M. Hélicard est actuellement en Pensylvanie, en Amérique, à l'abri de toute espèce de poursuites et d'extraditions.

— Le gredin ! avait murmuré M. Dulaurier ; puis, plus haut : Mais je suis ruiné, Monsieur, ruiné par lui !

— Je le déplore ; car il est évident qu'il pourrait s'en tenir là, s'il le voulait. Cependant, soit effet du remords, soit autre chose,

M. Hélicard m'a chargé d'offrir à ses créanciers, moyennant quittance définitive, cinq pour cent sur leurs créances.

— Cinq pour cent!! Monsieur, cinq pour cent!! j'aime mieux tout perdre.

— Libre à vous, Monsieur, mais vous perdrez tout.

— Cinq pour cent! mais c'est une amère dérision, s'exclamait Dulaurier en arpentant sa chambre.

— C'est fort peu, j'en conviens. L'homme sera de votre avis, mais l'homme d'affaires vous dira : voyez, réfléchissez.

Vous avez à choisir entre le peu ou le pas du tout. Sur ce, Monsieur, voici ma carte et mon adresse, j'aurai l'honneur d'attendre votre réponse.

Cette démarche, renouvelée près de tous les créanciers, avait été renouvelée de la même façon et accueillie de même. Maître Ponçonville, l'agent d'affaires, ne s'en était pas étonné. Ce serait peu connaître les hommes que d'ignorer qu'il faut laisser mûrir les propositions exorbitantes.

Après récriminations, fureurs, outrages, indignations, tous les créanciers étaient venus, un par un, toucher, moyennant quittance définitive, le cinq du cent offert par Hélicart. Que voulez-vous ? il était en Amérique et pouvait ne rien donner du tout.

Le tour était joué.

D'Hélicart (car celui-ci s'était adjoint une particule) était revenu à Paris, possesseur de quinze cent mille francs, *qui ne devaient rien à personne*. Il ramenait avec lui une très-jolie américaine, sa femme, enceinte de son second enfant. Il louait, au boulevard Malesherbes, un hôtel somptueux. Il y recevait la plus haute et la meilleure société. Dans l'opinion publique, M. d'Hélicart avait fait fortune *dans les affaires*. On n'y regardait pas plus loin.

Sa conscience, sans doute, aurait pu lui faire des reproches, mais il est probable que l'une était muette et que l'autre était sourd.

Pourtant, il n'était pas, par ci par là, sans circuler quelques vilains bruits. Le moment était venu de leur donner un démenti éclatant, et cette chose bête qu'on appelle un duel allait l'y aider.

Les ivrognes ne sont pas les seuls à avoir « un dieu pour eux. » Les gredins en ont un aussi. L'honnête homme qui joue sa vie contre celle d'une canaille, apporte dans la partie tout ce qu'il faut pour perdre. L'indignation qui fait bouillir son sang lui ôte le calme de la main. La colère le fait ruer comme un taureau sur un adversaire qui se possède, et qui, par conséquent, conserve tous ses moyens. Au fond, les « dieux » s'expliquent : la confiance qui sauve l'ivrogne a son équivalent dans les précautions et la prudence de l'homme qui a mauvais droit.

On s'était battu au bois de Ville d'Avray, qui s'appelle, en style de journaux « la frontière belge. »

Dès la première passe, Dulaurier, en fonçant sur son adversaire, sans être couvert, s'embrochait littéralement dans le fer qui lui était tendu et était rapporté mourant à sa femme et à ses enfants.

Les témoins ont rendu justice au courage d'Hélicart, qui passe pour très-chatouilleux sur le point d'honneur.

Que lui manque-t-il? votre estime et la mienne. Il a le reste et cela lui suffit.

Pourvu qu'il s'en tienne là !

CE BON M. BASILIC !

Basilic a cinquante ans. C'est un homme de taille moyenne, plutôt petit que grand, plutôt gras que gros.

Sur deux petites jambes rondes assurées par des pieds larges et plats, il porte la majestueuse rondeur de son ventre.

Sa poitrine est vaste et ses épaules carrées ; sa figure scrupuleusement rasée, est rafraichie chaque jour par les produits chimiques de MM. les coiffeurs.

Deux grosses lèvres sensuelles (la lèvre inférieure retombant sur l'orbiculaire affaissé) laissent, en souriant, voir les blancheurs d'un dentier d'où sortent des flots de mielleuse vertu.

Son nez est petit et court; il s'élève entre deux joues rebondies comme une verrue sur une coloquinte.

Son front est étroit et peu élevé; il s'avance au dessus de deux yeux profondément enfoncés dans l'orbite que, sans les lunettes qui en voilent le regard, vous verriez briller d'une lueur étrange.

Le tout se termine par un crâne poli, parfois recouvert d'une perruque grisonnante.

Mettez autour de ce cou charnu une cravate blanche ou noire sur laquelle débordent deux grosses oreilles rouges; sur ce torse herculéen une fine chemise de toile, un large gilet où frissonnent les fauves reflets d'une lourde chaîne d'or, un habit de quaker, un pantalon tout d'une venue à ces jambes coniques; attachez à ces bras un peu longs deux grosses mains carrées, gantées de filoselle; mettez dans une de ces mains une canne à pomme d'or, une tabatière dans l'autre; plantez un grand chapeau à larges bords sur cette tête en forme de poire, et vous verrez mon homme.

Tenez, le voici.

Il descend de voiture à votre porte.

Il regarde à droite et à gauche par-dessus ses lunettes.

Que cherche-t-il?

Une femme le croise. Il passe sa langue épaisse sur ses lèvres et sourit agréablement.

Pouah!

L'horrible face de satyre!

Vous n'auriez jamais soupçonné que cette béate figure pût prendre une telle expression.

Ah! mère de famille, si vous eussiez vu ce regard, il vous eut éclairé.

Prenez garde!

Il monte chez vous, et, pendant qu'à l'apparence il semble examiner si le vernis de ses bottes est vierge de boue, en réalité il compose son visage pour franchir le seuil sacré de votre foyer, il prépare la phrase onctueuse avec laquelle il va vous aborder.

Prenez garde ! mère de famille.

Renvoyez vos filles dans leurs chambres et signifiez son congé à Basilic.

Mais non, imprudente, à peine votre femme de chambre l'a-t-elle annoncé, que vous quittez votre siége, délaissant la compagnie.

— Ah ! c'est cet excellent monsieur Basilic...
Quel bon vent vous amène ?...

Prenez cette place là, au coin du feu. Françoise, mettez une buche... cher monsieur Basilic, comme il y a longtemps qu'on ne vous a vu ! vous négligez vos amis, c'est mal..., etc., et chacun dit son mot, lui sourit et l'admire, s'informe de l'état de sa santé.

C'est que ce bon monsieur Basilic fait valoir à la bourse les fonds de cette famille; c'est que ce vertueux monsieur Basilic est l'ami du comte un tel, de la marquise une telle, qui ont mis en ses mains habiles toute leur confiance, et que monsieur le curé de la paroisse ne craint pas de le recommander chaudement à ses plus riches ouailles.

Dans le monde bigot, on cite de cet excellent homme des traits de génie aux époques de grandes crises financières.

Et il se contente d'un si modeste courtage! dont plus des deux tiers est consacré par lui en bonnes œuvres!...

Enfin Basilic est plutôt le serviteur dévoué des fonds pieux qu'un vulgaire tripotier. Cet homme sera évidemment canonisé un jour.

S'il se bornait à son trafic, ce suave monsieur Basilic, il n'y aurait, en somme, pas grand'chose à redire ; mais, attendez.

Que n'avez-vous regardé votre fille aînée, madame, quand cet homme est rentré dans votre salon?

Vous êtes une excellente mère, madame, je ne l'ignore point, et soigneuse d'écarter de votre fille tout ce qui peut dépraver son goût et ses sens.

Vous êtes bien convaincue qu'en aucune circonstance votre surveillance n'a été en défaut.

Votre fille n'a point quitté vos jupes.

Quelquefois vous l'avez laissée seule avec monsieur Basilic.

Mais monsieur Basilic c'est un autre vous-même.

Cet homme si justement considéré, si ombrageux pour tout ce qui n'est point dans les étroites limites d'une rigoureuse décence ; ce pudibond qui met des feuilles de vigne à tout et partout ; ce sévère censeur de lui-même et des autres, dont vous répétez les doctes et sages leçons, ne connaît le mal que pour le combattre et le vaincre !

Le diable n'oserait s'y frotter.

Eh bien, madame, si vous aviez attentivement observé le visage de votre fille aînée, quand ce juste est entré chez vous, quand son nom seulement a été prononcé, vous auriez surpris sur son front la rougeur fugitive de la pudeur, dans l'éclair de ses yeux le feu de la luxure, et dans l'amer rictus de sa lèvre le dégoût et le remords.

4.

Cet étrange assemblage vous aurait donné à penser.

Cet homme, madame, a souillé cette fleur que vous cultiviez avec tant de soins : son haleine fétide a flétri ce front, naguère pur, et qui fuit aujourd'hui sous le regard; ses baisers impurs ont brûlé les fraîches couleurs de son teint...

Cet homme, madame, est un misérable.

Eh quoi! vous dites que je suis un calomniateur! mais, madame... Non, je ne puis vous dire cela... Interrogez votre enfant.

Comment ne vous êtes-vous pas aperçu que Basilic est un gredin ?

Il est vrai que tout ce qui nous touche directement peut nous échapper. La poutre dans notre œil est invisible, mais nous voyons, sans microscope, l'imperceptible fétu dans l'œil du prochain.

Et partout Basilic fait le même manége.

Il est vrai qu'il est fort habile, cet hypocrite souriant.

M. Basilic sait à qui il s'adresse. Il connaît à fond les divers tempéraments et les fait conspirer à ses joies.

Jamais il ne s'adresserait à certaines natures. Il serait trop vite dépouillé de son auréole d'honnêteté, de chasteté et de sainteté. Il calcule et il suppute.

L'amour n'entre pour rien dans ses plus grands excès.

Cet amour qui rend certains vieillards si ridicules et si malheureux, lui est inconnu : Basilic n'aime pas, n'a jamais aimé.

Basilic n'est qu'un crapuleux satyre.

C'est de lui que parlent Arétée et Ambroise Paré.

Avis aux mères de famille.

Il est temps enfin que ces coquins qui se glissent auprès du foyer sous un déguisement d'emprunt soient démasqués.

La morale ne peut qu'y gagner, et l'auteur de ces lignes, qui n'ignore point qu'on ne réforme pas du jour au lendemain, s'estimera heureux s'il a pu éveiller la défiance dans le cœur des pères et des mères, et contribuer à accroître la surveillance, à élever le mur d'airain qui doit absolument séparer le **gynécée** de la rue, le lit blanc et chaste de la **vierge** du ruisseau où roulent toutes les fanges des villes.

Encore une fois, prenez garde, mères de famille! redoublez de soins, examinez surtout et attentivement les poches de ce tartuffe.

Il apporte chez vous et remet à vos filles de ces livres dont parle Rousseau, » qu'on ne peut lire que d'une main. »

Prenez garde !

Et puisque ce gredin de sacristie est à l'abri de la loi, exécutez-le vous-mêmes.

LE VAMPIRE DES PAUVRES

Mademoiselle du Tronquet quête et requête, elle est de toutes les sociétés de charité, de toutes les congrégations, de toutes les œuvres pies depuis la propagation de la foi jusqu'à la dévotion de saint-Joseph.

Aux processions du saint-Sacrement elle se tient presque sous le dais.

C'est une petite femme toute maigrette, avec une figure austère, un teint de dévote, deux torsades de cheveux blancs, gros comme des tuyaux d'orgue, de chaque côté de la figure, une bosse qu'elle porte de travers comme si, sous son châle d'un noir jauni, elle cachait un tronc pour les pauvres ; du reste, toute confite en Dieu, les yeux baissés vers les poches du voisin, les mains d'une maigreur ascétique avec des ongles où la tabatière du curé amasse des réserves de poudre noire, une main droite dont l'index et le majeur gardent une éternelle tache d'encre, (la tache des saintes comptabilités de mademoiselle du Tronquet) et des doigts dont la longueur flexible semble destinée par la providence à s'introduire saintement dans les aumonières d'autrui.

Mademoiselle du Tronquet dîne tous les jours à quelque table riche et déjeune tous les matins des reliefs du dîner de la veille. Son procédé est fort simple.

A la fin de chaque repas, elle fait ostensiblement mettre de côté une bouteille de vieux bordeaux, une aîle de poulet, la plus belle poire, le tout *pour ses chers malades ou ses pauvres bien aimés*. Il faut l'entendre dire cela avec sa voix d'oraison perpétuelle entrecoupée de soupirs mystiques.

Le lendemain le vieux bordeaux se rajeunit pour les chers malades et passe à l'état de vin à douze sous ; l'aile de poulet, loin de prende son vol vers les mansardes, se pose sur la table de mademoiselle du Tronquet et ne paraît à celle des pauvres que sous les espèces d'un morceau de bœuf bouilli extorqué de la veille au restaurant du coin par la sainte vieille fille.

Et c'est ainsi partout et toujours, chez les fournisseurs, chez les percepteurs, chez le receveur des finances, à la poste, où elle oublie de payer ses timbres, et jusque chez les travailleurs eux-mêmes à qui elle emprunte pour de plus pauvres qu'eux, dit-elle, et qui n'osent rien lui refuser ; toujours quête cette petite vieille ramassée et nouée comme une cornue, et chez qui l'aumône publique éprouve des mixtures étranges et subit de lamentables métamorphoses.

Et tout le monde chante ses louanges ; depuis le bedeau jusqu'à l'évêque c'est un concert de bénédictions, un cantique d'actions de grâces autour de cette recéleuse de pain bénit et de vin consacré. Les artisans la saluent avec des génuflexions et des signes de croix, les nobles lui demandent conseil, lui confient la clef de leurs secrets et celle de leur secrétaire, les bourgeois se trouvent honorés qu'elle veuille bien accepter leur offrande.

Ainsi elle s'en va par les chemins crépusculaires, muette sous son châle sombre dont les aîles battent au vent le long de ses flancs maigres et sous son chapeau noir dont les larges nœuds de crêpe se dressent comme deux oreilles ; elle s'en va la vieille chauve-souris du presbytère et de la sacristie, l'éternel vampire du pauvre que tous les siècles dévots connaissent et qui se reproduit sans s'accoupler.

LE BARON DE TARAULITZ

Le petit baron de Taraulitz est tout frêle, tout grêle, tout mignon. Il a de petites mains féminines aux doigts effilés, des pieds imperceptibles, des jambes de coq, six poils blonds dressés en pointe de chaque côté d'un nez mince et busqué, deux joues où le rose du fard remplace le rouge du sang, et dont la surface totale n'atteindrait pas la largeur d'une gifle.

D'où sort-il? On n'en sait rien; où va-t-il? on l'ignore; comment vit-il? Mystère.

Essayons cependant de lever un coin du voile qui couvre cette espèce de bipède à particule.

Familier de la dernière cour, ce baron d'origine allemande pouvait disposer par an d'une ou deux décorations dont il faisait doter ses amis, ou pour mieux dire ses créanciers.

Ce fut la première manière de cet artiste en virements.

S'étant mis aux crochets d'une cocotte fort emplumée qui vivait sur son... capital, il paya l'hôtel de la blonde Armandine avec l'argent de cette femme.

La blonde Armandine était une marcheuse de l'Opéra qui marchait sur les principes.

Du reste, il entretenait des relations avec une tribu de demi-mondaines auxquelles il présentait des petits jeunes gens, nouveaux débarqués sur l'asphalte du boulevard.

Il empruntait des bank-notes à ses petits amis et leur prêtait ses femmes. Ils le trouvaient charmant. Tous ensemble ils s'entr'appelaient « ma belle ou ma chatte », s'entreprenaient la taille ou se passaient mutuellement la main dans les cheveux.

Autre manière de ce maître escroc :

Il va à la Poste restante, sous pretexte de chercher des lettres, et s'assied sur le canapé de cuir à clous de cuivre qui est au milieu du vestibule.

Entre une mignonne jeune femme dont la toilette simple révèle pourtant des habitudes d'élégance aristocratique.

Il sort derrière elle, la voit monter en fiacre et donne l'ordre à son cocher de la suivre.

Vingt minutes plus tard, il la voit descendre à la porte d'un riche hôtel du faubourg Saint-Honoré.

Il apprend en même temps son **adresse** et son **nom**.

Le lendemain, la comtesse de Y.... trouva poste restante une lettre ainsi conçue :

« Madame la comtesse, il n'est secret qui ne se **trahisse**, même sous l'incognito d'un fiacre. Donc, veillez. Je sais tout, mais ne craignez rien, je serai muet comme la **tombe et mystérieux** comme un guichet de Poste restante.

Mais comme un bon procédé en vaut un autre, je vous serais reconnaissant de sauver un de mes amis, le baron de Taraulitz, qui va se brûler ce qui lui reste de cervelle si vous ne lui prêtez 10,000 francs dont il a besoin aujourd'hui même. »

La comtesse s'empressa naturellement de sauver la vie au baron.

Ils se rencontrèrent un soir à l'un des bals des Tuileries.

Taraulitz se fit présenter à la comtesse.

— Enchanté de faire votre connaissance, baron, dit la comtesse avec un gentil sourire, je ne puis vous dire tout le plaisir que j'ai à vous voir.

— Nous sommes toujours heureux de voir les gens qui nous doivent... de la reconnaissance. Vous me permettrez, comtesse, de me confondre dans la foule de vos adorateurs?

— Je ne sais trop, baron, dit-elle. Je vous crois très-dangereux.

Au même instant, le comte de Y... s'approchait de sa femme. La comtesse lui présenta le petit homme.

Le comte, qui avait entendu les dernières paroles de sa femme et qui était un fort bel homme, enveloppa le baron d'un coup d'œil et dit :

— Puisque madame la comtesse vous trouve dangereux, baron, c'est une raison pour moi de vous recevoir à nos lundis. J'ai toujours bravé le péril.

Madame de Y... se mordit les lèvres.

— Vous comprendrez, madame la comtesse, dit audacieusement Taraulitz, que je ne puisse pas reculer devant l'espèce de défi que me lance monsieur le comte.

— Soit. Relevez le gant de mon mari, moi je relève le vôtre, dit-elle avec un sourire d'ironie hautaine.

— Voilà ce qui s'appelle forcer la bête au gîte, pensa Taraulitz.

Quinze jours après le bal des Tuileries, il était le meilleur ami du mari. Un mois plus tard, il rétrocédait la comtesse au vieux chevalier de Kerdroz qui lui prêtait 20,000 francs.

Après s'être livré au commerce des femmes et à l'industrie des chevaliers, ce chevalier d'industrie inventa une troisième manière qui depuis a fait école.

Un souverain étranger voulait émettre un emprunt sur la place de Paris. L'affaire mal lancée traînait en longueur.

— Avancez-moi deux millions et je vous en trouve cent, dit le baron au souverain qui était venu à Paris pour opérer par lui-même.

— Soit, dit le prince.

De Taraulitz se fit donc courtier d'emprunts étrangers. On le vit acheter pour cinq cent mille francs d'actions. Or, on lui connaissait un flair énorme.

Plusieurs gros capitalistes ouvrirent l'œil et quelques-uns lui demandèrent conseil.

— Que voulez-vous que je vous dise, répondait le baron. J'y jette mon dernier napoléon, mais je ne conseillerai à personne d'en faire autant. C'est un coup de dé.

— Taraulitz est un finaud, pensaient les autres, il ne dit rien mais il prend de l'emprunt.

Quand on prend de l'emprunt on n'en saurait trop prendre ; ils en prirent tant qu'il fut couvert.

Six mois plus tard le royal escroc ne servait même plus les intérêts.

— Je vous avais prévenu, disait Taraulitz à un gros homme qui se dégonflait de quelques millions, vous n'êtes que plumé, vous, moi je suis absolument vidé.

En effet, le noble courtier du prince perdait cinq cent mille francs...... Mais il gagnait un million et demi !

Maintenant, il est riche ; on ne dit que du bien de lui parce qu'on en pense trop de mal. Il peut donc éclabousser impunément les honnêtes gens, mépriser la canaille et rire des gobeurs.

MONSIEUR MÉCÈNE

Ce qu'il y a de flatteur pour les honnêtes gens, c'est que les coquins cherchent toujours à se faire illusion sur leur bassesse.

Prenons donc un de ces coquins, et disséquons-le tout vif pour la grande instruction du public bénévole qui se laisse tromper par les apparences, et pour la plus grande gloire de ceux dont il emprunte le vêtement.

Nous n'irons pas bien loin pour trouver le sujet de notre analyse. Voici l'affaire.

Là, messieurs, entre mille de ses semblables.

Tenez, c'est cet homme de taille moyenne, à la figure fleurie, au regard souriant, à la lèvre dédaigneuse, au jabot proéminent. Il passe devant le café de Suède, et tous les cabotins qui hument l'absinthe, entre la marée du matin et la représentation du soir, se lèvent à son approche et le saluent humblement. Le sire touche à peine son chapeau du bout du doigt, s'incline et passe.

Il ne paraît point attacher grande importance à ces saluts obséquieux et intéressés. Ne vous y trompez pas pourtant, il en est tout fier, et, si vous l'observez encore quelques instants, à peu de distance de là, vous le verrez frissonner d'aise, ses yeux clignoteront sous ses lunettes d'or, les diamants de sa chemise scintilleront. Tout son harnachement d'homme riche bruira et frémira à la façon des plumes d'un dindon qui fait la roue. Et M. Mécène fera la roue.

J'ai dit plus haut que M. Mécène recevait des saluts intéressés. M. Mécène ne peut en recevoir d'autres que de gens qui ne le connaissent pas à fond.

Pour le public qui passe, pour l'abonné superficiel de cette feuille qui est comme l'immonde réclame des lupanars ou le moniteur des scombres [1], M. X... est une édition revue et augmentée de : *Mæcenas atavis edite regibus*.

Eh bien ! non, M. Mécène est loin d'être un Mécène. Il ne compte aucun roi dans ses ancêtres.

M. Mécène le financier est un des bailleurs de fonds de trois ou quatre théâtres à femmes.

Admirez, lecteurs, comment les plus exécrables projets peuvent se colorer de beaux semblants.

M. Mécène, sous prétexte d'encourager l'art dramatique et lyrique, élude tout simplement le code pénal qui punit la polygamie.

M. Mécène entretient au plus juste prix un sérail à son usage.

---

1. Poissons formant un genre de la famille des scombéroïdes. C'est, dit G. Cuvier, une des familles les plus utiles à l'homme. Il aurait pu ajouter : et à ces dames.

L'art dramatique ne l'occupe guère.

Bah ! Il s'en moque comme de colin-tampon.

Il lui faut des filles.

Il en a ainsi tant qu'il lui plaît d'en avoir.

La chose est simple et n'a pas besoin d'explication.

M. Mécène s'en va (toujours sous prétexte d'art) là où croissent les prime-donne de l'avenir, en d'autres termes dans les loges de concierges où, sous les dures lois d'une ex-lorette mise dans le cadre de la réserve, fleurissent les pianos rachitiques et les pianistes scrofuleuses, les voix justes et les voix fausses, l'avenir des théâtres et la perte des planches.

On le reçoit à bras ouverts, il est l'espoir de ces tendres mères soucieuses de l'avenir de leurs enfants. Il est la providence des filles.

M. Mécène fait miroiter aux yeux des pauvres alouettes éblouies le prisme séducteur d'une promesse d'engagement ou d'audition, ici ou ailleurs, devant ce public éclairé, grand justicier du goût en France et en Navarre, qui fait et défait les réputations.

Est-il besoin d'autres tentatives pour les séduire ?

Toutes ou presque toutes se donneraient pour moins que cela.

Et sans peine M. Mécène pourrait être plus pacha que ne le fût jamais Salomon, l'homme aux neuf cents femmes.

Mais M. Mécène choisit. M. Mécène ne prend que la fleur, le dessus du panier.

Bravo ! à la bonne heure, direz-vous.

Ce monsieur, dont vous parlez, mérite bien de l'art dramatique en éliminant à l'avance, en écartant de la scène tous ces incompris de l'avenir, en ne choisissant, en un mot, que la crème du talent.

Halte-là ! monsieur, vos honorables sentiments vous ont dicté ces mots. M. Mécène s'occupe bien du talent...

Talent !

Que lui importe que les favorites de son choix aient du talent.

Que voulez-vous que M. Mécène fasse de leur talent.

Le talent est une chose trop immatérielle.

Le talent ne palpite pas sous les lèvres, quand par une nuit d'orgie, entre un hoquet et un éclat de rire, nos intelligents viveurs éprouvent le besoin d'embrasser quelque chose.

Le talent ! Ce n'est pas l'affaire de M. Mécène.

Vous oubliez que M. Mécène encourage l'art dramatique dans les théâtres à femmes.

Est-ce que l'art, dans les théâtres à femmes, exige l'appoint du talent ?

Mais d'où venez-vous, lecteurs bénévoles ?

Arrivez-vous de Tombouctou ?

Sachez-donc que l'art dramatique ou lyrique, comme l'entend M. Mécène, réside uniquement dans la forme extérieure des femmes et n'a rien à voir de ce qui se passe sous leur front et dans leur cœur.

Quand M. Mécène lève des recrues pour les théâtres qu'il subventionne, il ne leur demande que la beauté, la jeunesse, la santé et quelquefois, quand il la rencontre « une démarche de déesse marchand sur les nuées, » comme dit Saint-Simon.

Et quand la beauté s'altère, quand la jeunesse s'en va, M. Mécène fait mettre à la porte, par le directeur qui est naturellement à sa dévotion, les pauvres filles assez sottes pour vieillir, et qui deviennent alors ce qu'elles peuvent, c'est-à-dire tombent de chute en chute jusque sur le trottoir.

Le débauché de bas étage les trouve le soir en faction au coin des rues, où elles cachent dans l'ombre, non la rougeur, mais les rides de leur front.

M. Mécène s'en soucie autant qu'un poisson d'une pomme. On le salue, on le sollicite, il est un des héros de ce fameux tout Paris qui defraye si souvent les colonnes des feuilles à scandales, et c'est tout ce qu'il ambitionne.

On me dit pourtant que M. Mécène se trouve englobé dans une sale affaire de détournement de mineures, en compagnie d'une proxénète célèbre.

Vous verrez qu'il s'en tirera.

AMÉDÉE PLACINET

Amédée Placinet fut, est, sera un fonctionnaire accompli.

Sous le régime du brigand couronné, Placinet fut un brigandinet de cabinet. Sorti fruit sec de l'Ecole polytechnique, il entra d'emblée dans une grande administration, passa entre les jambes des ayants droit, et se glissa dans un bureau de sous-chef. Il est cauteleux et plat, perfide et vil, grossier avec les inférieurs, rampant devant les supérieurs; mouchardant ceux-ci, dénonçant ceux-là. Il a tout ce qu'il faut pour arriver.

Il arrive.

En ce temps-là, le directeur général avait

des frais de représentation qui étaient le plus clair de son revenu... assez clair pourtant.

Le directeur général étant garçon ne donnait pas de bals et ne payait à dîner qu'aux soupeuses d'occasion.

L'empereur, qui aimait officiellement la morale, intima le mariage par ordre au directeur général.

Malheureusement celui-ci, quoique sur l'âge, avait une liaison de jeunesse.

Cette liaison s'appelait Laure.

On proposa à Placinet d'être le nouveau Pétrarque de cette Laure en retrait d'emploi.

Placinet s'empressa d'obéir aux ordres de son directeur comme celui-ci avait obéi à son empereur ; et comme les convenances veulent aussi qu'on les respecte, il épousa.

Ce trait d'abnégation le mit en lumière.

Placinet fut décoré.

A partir de ce moment, il acquit dans l'administration une influence méritée, fut l'âme damnée du directeur, l'organisateur de ses fêtes, le conducteur de ses cotillons; et l'ex-directrice officieuse devint l'intime amie de la directrice officielle.

Alors tous les fonctionnaires en jupons que cette administration emploie vinrent faire antichambre chez Placinet.

Plusieurs de ces dames furent distinguées par lui à cause de leurs bons services et protégées en raison de leur obéissance dans l'exercice de leurs fonctions.

Elles acquirent bientôt la conviction que dans une administration où le mélange des sexes est habituel, l'avancement des fonctionnaires du sexe frêle est en raison inverse de leurs services administratifs.

Puis, les événements marchèrent, la guerre de l'impératrice fut déclarée.

Le fantoche impérial s'évanouit dans ses bottes de Sedan.

Ce fut là le cirque sanglant que choisit ce funèbre clown pour y faire sa culbute suprême.

La République fut proclamée.

Cette révolution ne prit pas au dépourvu le citoyen Amédée Placinet. Il retourna son habit dont la doublure était rouge, et se trouva de la couleur du temps.

Personne dans le nouveau cabinet ne connaissait l'histoire souterraine de ce capitulard moral.

Du reste la République aime assez les nouveaux convertis et les anciens pécheurs.

On cherchait un administrateur intègre, on trouva Placinet.

Tout à coup éclata le seize mai.

Nouveau changement à vue. Placinet avait retourné son habit du côté noir et les pans étaient devenus d'une telle longueur que Placinet, boutonné jusqu'au menton et cachant son linge, eut vaguement l'air de porter soutane. Il coupa sa moustache, se fit un petit ricanement de sacristie, eut des gestes de bénisseur, des baissements d'yeux dévots et doux, adopta dans son cabinet, j'allais dire dans son confessional, une calotte noire.

On parlait de lui pour la place de Directeur général, quand échoua le misérable complot des seize mayeux.

On n'attend plus qu'une nouvelle incarnation de Placinet pour lui donner ce poste.

UN NOTAIRE TRÈS-FORT

M⁰ Lerond était en train de faire sa barbe, quand le clerc de son étude vint discrètement le prévenir que le vicomte Le Tourneur demandait à lui parler.

Le vicomte *Le Tourneur* (O d'Hozier, comme tu rirais!) était conseiller général et possesseur du château des Trois-Voies, dont les tourelles gothiques, badigeonnées à neuf, dominaient, comme un blason redoré, le petit village de Couvillon.

— Fais attendre monsieur le vicomte, dit M⁰ Lerond à son clerc, le notariat est tout entier dans l'art de *faire attendre*. Tu apprendras cela plus tard, petit; allons, va!

Et le petit clerc était venu annoncer au vicomte Le Tourneur que son patron, en train de rédiger un contrat de vente, « priait M. le vicomte d'attendre ».

Le visiteur, chaussé de bottes à l'écuyère et coiffé d'une casquette melon en velours noir, avait fait siffler dans ses mains sa cravache et, tout en fredonnant un air de chasse, avait été se poser devant la glace au cadre doré qui ornait le modeste salon de M° Lerond.

C'était un homme très-vert que le vicomte; un gros monsieur, dans la force du terme. La ligne ronde avait présidé au plan général de sa structure. Son front était rond, son nez était rond, son ventre était rond, ses cuisses étaient rondes, et son caractère lui-même, grivois et jovial, avait la rondeur de l'homme qui s'amuse et qui prend la vie du bon côté.

— Et mon contrat, M° Lerond, quand le préparons-nous? dit le vicomte en voyant entrer son notaire.

— Excusez-moi, *Monsieur le vicomte*, je suis surchargé de besogne.

— Et aujourd'hui?

— Aujourd'hui, je suis désolé. Voyez, ma carriole m'attend. Je vais à la foire de *la ville*.

— Quel malheur! Et vous comptez y rester longtemps?

— Eh! j'en ai au moins jusqu'à la nuit. Vous savez combien nos paysans sont méfiants, lambins. Ce n'est qu'au dernier moment qu'ils se décident.

— Je sais cela. Hé bien! à après-demain, si vous voulez, car je chasse demain avec le marquis de Vieilleville.

Le vicomte savait tout ce qu'il voulait savoir. Il était remonté à cheval, et sa monture, caracolant sous l'éperon, avait excité les aboiements de tous les chiens du village, tandis qu'un rideau soulevé au premier étage de la maison du notaire avait laissé voir, en tenue du matin, une beauté vaporeuse qui avait immédiatement disparu.

Avec moins de tapage partait M⁰ Lerond.

— *Bibi* est attelé? dit-il à son clerc.

— Oui, maître.

Puis, se parlant à lui-même :

— Voyons. Ai-je tout ce qu'il me faut? du papier timbré dans mon portefeuille? une plume et de l'encre dans mon étui en carton?... mon mouchoir de poche?... Un code Tripier?... Tout y est. Tu resteras à l'étude pour recevoir le client. Je t'accorde une heure pour prendre ta demi-tasse. Pas une minute de plus. Tu entends?

— Oui, maître.

Et le notaire, dans un équipage qui aurait fait envie à un marchand de vinaigre, avait pris la route de la ville, en récoltant sur son passage des coups de chapeau de bon aloi, — le paysan ayant toujours de la vénération pour ses intérêts et leurs arbitres.

Au milieu de la nature en fleurs, toute embaumée et toute luxuriante, M⁰ Lerond se livrait aux rêveries suivantes :

— Le vicomte est un imbécile, qui ne sera pas longtemps sans vendre les Trois-Voies. Un beau domaine, ma foi! dont la vente et l'acquisition future peuvent être d'un beau revenu pour l'étude. Je m'y connais : le vicomte est un parvenu qui veut se moucher plus haut qu'il a le nez. Le marquis de Vieilleville, qui se fiche de lui, lui a fait acheter mille écus des chevaux qui en valent bien cent. Le vicomte s'est cru obligé d'acheter, au poids de l'or, une vingtaine de roquets qu'il appelle « sa meute ». De plus, il dîne; il fait dîner. Il joue au Lauzun près de ses fermières. Il a tout ce qu'il faut pour aller vite et loin.

Trois heures après, le vicomte, à pied cette fois, sonnait à la grille du jardin de la maison de M° Lerond.

— Madame y est-elle? dit-il à une petite fillette joufflue et bête.

— Je crois bien que oui.

— Annonce-lui Monsieur le vicomte Le Tourneur.

— *J'y vas*, monsieur.

Madame Lerond, femme suave et blonde, venait, pour la vingtième fois, de se polir les ongles, avec cet air méditatif et langoureux qui faisait dire aux dévotes de Couvillon : — Madame Lerond ne vit pas sur la terre.

— Madame, c'est ce monsieur, dit la bonne en entrant.

— Quel monsieur?

— Monsieur le vicomte Le Tourneur.

— Monsieur Le Tourneur, tu veux rire?

— Oui, madame.

— Dis-lui que je vais descendre au jardin.

Et en effet, quelques minutes après, madame Lerond, chaussée de bas à jour, faisait crier le sable de l'allée sous ses talons hauts.

— Comment vas-tu? dit le vicomte en tendant à la notaresse une main qui avait l'air d'un pied.

— Taisez-vous donc, cher vicomte, nous sommes *chez lui*.

— Mais *lui* est à la foire.

— N'importe ! on peut nous voir.

— Dans ce cas, montons.

— Jamais ! je puis être coupable, mais je ne puis vous recevoir... *pas chez lui!*

Les femmes infidèles ont de singuliers compromis de conscience. *Pas chez lui* en était un.

Le jour baissait, un jour d'été où le crépuscule est fait moitié de lumière, moitié d'ombre. M⁰ Lerond, qui n'avait pas perdu sa journée, s'en revenait content de *la ville* et, pour abréger sa route, avait pris un sentier de défrichement à travers bois, sur lequel sa voiture ne s'entendait pas plus qu'une bille de billard sur un tapis. D'ailleurs, *Bibi*, qui avait sept lieues dans les jambes, ne se soutenait que par l'espoir prochain de son avoine, et M⁰ Lerond *rêvait* aux conséquences certaines d'un emprunt hypothécaire contracté par un marchand de bœufs.

A ce moment un bruit singulier de soupirs oppressés se faisait entendre à droite de la route, et *Bibi* éreinté s'arrêtait pour prendre haleine.

— Qu'est-ce que cela peut bien être? se dit M⁰ Lerond avec une certaine inquiétude.

Et ce disant, il était descendu de voiture, en tenant à la main un pistolet de gros calibre qu'il avait toujours sur lui dans ses excursions un peu longues.

Il marchait avec précaution dans la direction du bruit, quand, tout-à-coup, il venait d'apercevoir, à quinze pas de lui, une amadryade et un faune occupés à des ébats bizarres, dont la mythologie donne de nombreux exemples, mais dont la description est absolument interdite à la pudeur chrétienne. Le faune était le vicomte Le Tourneur, et l'amadryade madame Lerond.

— Pardon, monsieur le vicomte, de vous déranger, dit le mari en tenant le faune en joue. J'en suis d'autant plus désolé que votre existence m'appartient absolument. Mais nous ferions beaucoup de bruit inutilement. Vous allez vous donner la peine d'écrire, sous ma dictée, un petit engagement sur papier timbre. J'ai là tout ce qu'il faut pour cela. Vous veniez, ce matin, pour un contrat; c'est mon tour, ce soir.

Tout en parlant, le notaire avait mis à ses pieds les instruments nécessaires et s'était reculé un peu pour avoir du champ.

On a beau être brave, il n'y a rien à répliquer, quand on est sans armes, à une injonction complétée par un canon de pistolet braqué par un mari qui est dans son droit.

Le vicomte, appuyé sur un bouleau, avait donc écrit le billet suivant :

« Je reconnais devoir à M⁰ Lerond la somme de cinquante mille francs, valeur reçue en prêt.

« Couvillon, le, etc... » Et signature.

— C'est parfait, dit le notaire, en s'assurant que le billet était en règle. J'espère que ce petit incident ne troublera pas nos bonnes relations. Et quant à vous, madame (il s'adressait à madame Lerond), vous voudrez bien, dans l'intérêt de votre réputation, qui m'est chère, prendre place dans ma voiture pour retourner à Couvillon.

Rien n'aurait pu donner une idée de la colère du vicomte en voyant s'éloigner la voiture.

D'abord, il n'avait plus le pistolet sous les yeux, puis cinquante mille francs sont toujours durs à payer.

— Nous ne vous paierons pas, M⁰ Lerond, nous connaissons notre droit, ce billet est nul... Vous n'aurez pas toujours un pistolet sous la main, et moi, j'aurai une cravache.... Nous verrons bien si vous oserez en poursuivre le paiement.

Trois mois s'écoulèrent pendant lesquels le vicomte ne put jamais être reçu chez M⁰ Lerond. La notaresse repentie ne sortait que pour aller à l'église.

Un beau matin, un huissier arrivait au château des Trois-Voies, porteur d'une mise en demeure de payer, parfaitement conforme aux prescriptions de la loi.

— Je ne paierai point, s'écria de nouveau le vicomte, en frappant du poing sur la table.

Mᵉ Lerond continuait paisiblement sa voie judiciaire. L'assignation suivait la mise en demeure. L'affaire allait se plaider.

Entre temps, Mᵉ Lerond recevait la visite d'un collègue, membre de la chambre des notaires, qui lui tenait à peu près ce langage :

— Mon cher collègue, je dois vous dire que le vicomte Le Tourneur fait courir le bruit que le billet de cinquante mille francs, dont vous poursuivez le paiement, est le fruit d'un chantage.

— Chantage? S'il y a des témoins, je poursuivrai le vicomte en calomnie. Cela va tout seul.

— Mais enfin, de vous à moi... s'il était vrai que les circonstances dans lesquelles le billet a été souscrit...

— Quelles circonstances?

— Est-il vrai que madame Lerond ait été

un peu légère et que... en proie à une légitime indignation... vous ayez imposé au vicomte ce billet en dédommagement?

— Qui dit cela? Lui? Rien ne m'étonne d'un fat. Alors, il invoque devant les tribunaux ce moyen de défense? Vous savez, mieux que moi, mon cher collègue, le principe de droit : — Nul n'est écouté quand il dénonce sa propre turpitude. — Mais il n'y a même pas de turpitude à dénoncer. — Madame Lerond est une femme que tout le monde estime et dont la vertu est à l'abri du soupçon.

Le membre de la chambre s'était retiré, et l'affaire avait suivi son cours. — Conclusion:

— Le vicomte a payé ses cinquante mille francs. M° Lerond, qui a spéculé, s'est trouvé à même d'acheter, cinq ans après, le château des Trois-Voies, mis en vente par déconfiture du vicomte. Il a cédé son étude, et même aujourd'hui grand train à Paris... toujours avec la belle madame Lerond, plus coquette et plus estimée que jamais.

UN AVOUÉ CYNIQUE

Une dame qui a eu des démêlés avec la justice civile, et dont la séparation avec son mari a fait du bruit, nous écrit la lettre suivante, que nous insérons sans commentaires :

Monsieur,

Voici un petit fait dont je vous garantis l'authenticité. Le nom du héros est à votre disposition avec preuves à l'appui.

Il s'agit d'un avoué et d'une femme, alors inexpérimentée en affaires.

L'avoué se nomme M. ***, rue ***, la dame c'est moi.

C'était en novembre 1871, après les horreurs du siége et de la Commune. Je demeurais à Maisons-Laffitte, ou du moins j'y avais demeuré l'année qui avait précédé la guerre; puis, quand Paris allait fermer ses portes, j'y étais rentrée précipitamment laissant mes meubles derrière moi, ainsi qu'avaient fait presque tous les habitants des maisons de campagne du département de la Seine.

J'étais séparée judiciairement de mon mari depuis plusieurs années, et ma fortune était toute en maisons divisées en très-petits appartements. C'est dire en deux mots que j'étais fort gênée, les loyers n'étant pas perçus, et la loi s'opposant à tout emprunt non autorisé par l'époux. Naturellement lorsqu'on se sépare c'est qu'on se déteste, et l'époux ne consent jamais.

Mon mari n'ayant garde de manquer à l'usage général, j'étais dans le plus cruel embarras, et fatiguée d'avoir soigné des blessés pendant six mois, j'allai me réfugier en province, chez des parents, laissant à mon notaire le soin de payer le terme échu de mon loyer de Maisons-Laffitte, avec des fonds qui étaient en dépôt chez lui. — Comment, après mûres délibérations avec mon mari, il n'en fît rien, et comment mon propriétaire, lassé de n'être pas payé par une locataire trois fois plus riche que lui, fit saisir mon mobilier respecté par les Prussiens, c'est ce que je voulus savoir.

Je revins donc à Paris. Le temps pressait, il fallait payer ou laisser vendre.

On me conseilla d'introduire un référé afin d'obtenir du président l'autorisation de prendre sur un capital paraphernal les trois mille francs nécessaires à acquitter cette dette, même contre la volonté conjugale.

Je fus adressée à M⁰ X., avoué. Je ne vis que le maître clerc. Cinq fois de suite une lettre signée de ce monsieur, à ce que je croyais, du moins, m'apprit que ledit référé était remis à huitaine. — Pendant ce temps les poursuites allaient leur train. — Enfin les affiches furent posées. J'étais malade. Je parvins cependant à me lever et je courus chez M⁰ X...

Pour la première fois, il me fut donné de contempler ce personnage face à face, et, soit dit en passant, M⁰ X... est bien le plus laid et le plus déplaisant avoué de tout le département de la Seine.

Le dialogue suivant s'engagea entre nous :

— Monsieur, je suis madame X...

— Ah! vraiment, madame, je ne vous en fais pas compliment.

— Ni moi non plus, monsieur, je vous l'assure. Mais ce n'est pas la question : voici cinq semaines que votre premier clerc m'écrit que mes référés sont remis. Un référé est une chose urgente. Cela me paraît très-extraordinaire, et je viens vous demander l'explication de ce fait.

— Volontiers, madame. D'abord êtes-vous bien sûre que ce soit mon principal clerc qui vous ait écrit?

— Lui ou tout autre clerc de votre étude.

— Possible. Peut-être bien, mais pas sur du papier timbré de l'étude toujours...

J'avais les lettres dans ma poche, je regardai, c'était vrai.

— Eh bien! monsieur, qu'importe?

— Cela importe beaucoup. Ces lettres n'ont aucune valeur légale...

Tenez... (et maître X... se frottait les mains d'un air jovial) je vais vous expliquer tout de suite ce qui vous intrigue, c'est bien simple : Votre mari est venu me trouver. Il désire qu'on vende vos meubles en vente publique. Pour ses débats avec vous il trouve plus avantageux que vous n'ayez pas de meubles à vous; puis, comme effet, cette vente l'arrange.

J'ai compris. Il fallait gagner du temps et éviter que vous ne vous adressiez à un confrère qui eut, lui, peut-être introduit ce référé; je vous ai donc fait écrire par n'importe qui... et le tour est joué. Maintenant il est trop tard. Demain l'on vend, et il n'y a pas d'audience de référé aujourd'hui. Tout est bien.

— Mais, monsieur, vous êtes le dernier des misérables...

— Bast! des mots de femme tout cela. (Et il haussait les épaules en souriant.) Je suis d'accord avec le mari, je suis bien tranquille.

— Monsieur, vous êtes tout petit et assez vieux; je suis grande, jeune et très-forte... j'ai envie de vous étrangler.

(Ici, l'officier ministériel tira son bureau sur lui, se collant littéralement dans une encoignure.)

Mais vraiment vous êtes une horrible canaille et je me salirais les mains.

— Madame! madame! vous insultez un officier ministériel!

— Oui, monsieur, et je vais lui cracher à la figure...

Ce que je fis.

Après quoi je m'élançai à travers l'étude, pendant que M⁰ X... sortait, en s'essuyant le nez, de derrière sa barricade en grommelant: arrestation!... interdiction!...

Et plus n'en entendis parler.

Une circonstance heureuse m'ayant permis de sauver mon mobilier qui valait au moins trente mille francs, je ne songeai plus à me venger de cet immonde individu. Je fus d'ailleurs emportée dans un courant d'autres abominations; et puis, — preuves en mains, — n'aurais-je pas perdu contre un *officier ministériel*, moi, femme, toujours mineure?

Agréez, etc.

CAMILLE X...

Incontestablement vous auriez perdu, madame, mais je suis d'avis que, lorsqu'on le peut, on doit poursuivre à outrance et par tous les moyens possibles les fonctionnaires dont la mission est d'instrumenter au nom de la loi et qui sont les premiers à la violer.

LE MÉNAGE PANCRACE BOUZARD

Le ménage Pancrace Bouzard est un ménage d'artistes.

Herminie joue les rôles de déesse dans un théâtre à femmes, Pancrace est flûtiste au même théâtre. Pendant qu'Herminie fait les cascades, Pancrace fait les cadences; les crescendos et diminuendos de sa flûte sont la figure musicale des jambes de madame. Les trilles de Pancrace ont pour les lorgnettes de certains fauteuils des complicités polissonnes avec le frétillement des jupes de madame; ses arpèges enjambent les octaves comme elle enjambe les planches.

Rentré chez lui, le ménage Pancrace Bouzard perd tout prestige. Herminie dépose sa perruque, déboucle son corset, laisse tomber sa gorge. Pancrace se dépouille de son habit dont il examine anxieusement les coutures et les boutonnières et dont la doublure de satin usée, trouée, filandreuse, orne de franges lamentables le bas des pans. La déesse tire son maillot de soie couleur chair, et lui ses chaussettes constellées de trous. Puis il pose sur la cheminée de marbre sa chaine de montre en chrysocale qui, pareille hélas ! à la chaîne de madame, n'attache plus rien depuis longtemps !

Le ménage Pancrace Bouzard a beaucoup de cordes à son arc.

L'été il vit dans les châteaux des protecteurs d'artistes. Madame chante des drôleries et caresse les vieux oncles à héritages.

Monsieur joue de la flûte.

A l'automne madame cherche un impressario, monte chez les Directeurs, et se fait engageante pour se faire engager. Tantôt monsieur attend madame chez le concierge dont il cherche à se faire un ami ; tantôt il suit sa femme dans le cabinet directorial, mais il sait qu'un mari d'actrice ne doit gêner personne. Le Directeur le sait aussi et ne s'aperçoit pas de sa présence ; il fait chanter, parler, rire, pleurer madame, il ausculte Herminie et cherche à discerner le faux du vrai dans sa personne comme dans sa voix, il mesure la finesse de ses attaches et l'ampleur de ses hanches.

Pancrace tortille sa mouche, ricane d'un air fin et dit :

« On n'en fait plus de femmes comme Herminie, on n'en fait plus, tout le monde la gobe. »

Il arrive pourtant qu'elle ne soit pas engagée, alors on se rabat sur les soirées payantes et les concerts.

Madame joue la saynète, lance des œillades aux hommes ventrus à breloques et à lunettes d'or, reçoit des bouquets, des bracelets et autres menues choses.

Monsieur joue de la flûte et porte... les cadeaux de madame.

Une fois par hiver le ménage Bouzard donne un concert pour les pauvres.

Herminie joue en travesti, chante en travesti, quête en travesti ; le travesti jette le trouble dans les cerveaux et dans les porte-monnaies bourgeois qui font des largesses folles.

Monsieur joue de la flûte.

A la fin du concert, on met de côté cent francs pour les pauvres, on garde le reste pour les frais d'affiches et d'éclairage, — et le tour est joué.

Le ménage Pancrace empoche un billet de cinq cents francs, dont la charité publique fait les frais.

Le couple honnête vole partout et sur tout, achète toujours, ne paie jamais, vit d'emprunts, meurt de faim ou crève de bombances, vend aux éditeurs des réminiscences pour de l'inédit, achète cinq francs aux paroliers pauvres des paroles qu'il revend cinquante et se fait payer par eux un dîner qui leur coûte le double de leur bénéfice, va partout criant qu'on l'exploite et traînant dans la boue les honnêtes gens dont il a fatigué la complaisance.

En somme, de tous les parasitismes, l'un des plus funestes aux fortunes particulières et à la morale publique, c'est le parasitisme à deux et le proxénétisme en famille.

Quand tout le monde commence à s'en apercevoir autour d'eux, Monsieur et madame exécutent un duo de flûtes et passent la frontière.

LES PETITS MOYENS DE MADAME

La voiture d'Édouard B*** sortait d'un joli petit hôtel aux Champs-Élysées. Cet hôtel appartenait à madame Durvier, une femme charmante qui avait le privilége de rester belle en dépit des années et riche malgré la perte de sa fortune.

Qui ne savait à Paris que M. Durvier, fonctionnaire de l'empire, avait été ruiné par le 4 Septembre?

En mourant, il n'avait laissé à sa veuve que son hôtel. Elle aurait pu le vendre pour se créer des ressources. Elle le garda, et après deux ans de deuil elle y reprit sa vie mondaine avec autant de luxe qu'autrefois.

Elle attira surtout chez elle ses anciens amis, ceux qui conservaient une position officielle et ceux qui disposaient de sérieuses influences. Ceci groupa autour d'elle les jeunes et les vieilles ambitions.

Édouard B***, ex-préfet de l'empire, était revenu chez elle comme bien d'autres, sans réussir à s'expliquer ce luxe que tout le monde acceptait comme une chose très-naturelle.

Mieux qu'un autre, ayant été très-lié avec M. Durvier, il croyait savoir, à n'en pas douter, que sa veuve n'avait pu obtenir aucune pension ni faire aucun héritage.

Malgré lui, il cherchait comment la belle veuve réussissait à se maintenir dans une situation brillante.

Donc, en descendant les Champs-Élysées, il s'amusait à creuser ce mystère, lorsque sa voiture croisa celle de son cousin, Paul d'Orlès.

Celui-ci fit arrêter, descendit, et alla se placer à côté d'Édouard.

— J'ai à causer avec toi, lui dit-il, tu vas souvent chez madame Durvier, tu étais l'ami de son mari, tu peux me rendre un service.

— C'est donc bien pressé que tu prends ma voiture d'assaut? remarqua Édouard.

— Très-pressé, il va y avoir une fournée de préfets et madame Durvier est toute-puissante sous le ministère de Broglie.

— Qui t'a dit cela?

— Ceux qui le savent et entre autres Gaston Durêtre.

— Le nouveau sous-préfet de...?

— Précisément, je viens de chasser aux environs il y a quelques jours, et j'ai appris que madame Durvier dispose plus que jamais d'un grand crédit.

— Voilà ce que je ne comprends pas, elle a perdu tout ce qui pouvait le lui assurer.

— Elle est encore belle, elle l'a été surtout, elle reçoit, elle est bien entourée, et, si elle n'est pas riche, ses amis sont reconnaissants.

— Que veux-tu dire?

— Ce que Gaston m'a révélé sous le sceau du secret. Les amis de madame Durvier se font un plaisir de la remercier des services qu'elle leur rend. Gaston lui a remis trois mille francs, un autre à qui elle a fait faire un beau mariage de deux millions, lui a envoyé vingt mille francs dans un coffret d'argent ciselé. Je ne serai pas plus ingrat que les autres. Je suis riche, je donnerai dix mille francs pour être nommé.

— Toi! tu entrerais dans ces tripotages?

— Je ferai plaisir à une charmante femme et...

— Voilà donc le mot de l'énigme! s'écria Édouard, cette femme fait un joli métier!

— Pas plus vilain qu'un autre, elle oblige ses amis...

— Et les indifférents, moyennant finance. Tu n'es pas de son intimité que je sache?

— Non, mais je compte sur toi.

— Et tu as raison d'y compter, tu seras préfet sans bourse délier.

M. d'Orlès ne demanda pas à son cousin comment il s'y prendrait. Il le savait homme de parole.

Le lendemain, Édouard se présenta chez madame Durvier. Ce n'était pas le jour de réception de la belle veuve, mais il se fit annoncer par une carte où il avait écrit — affaire pressée.

Il fut introduit aussitôt dans un boudoir tendu de satin bleu.

Il y avait trois personnes : madame Durvier, une jeune femme blonde, très-jolie, et Oscar Barut, un vieux céladon millionnaire.

Madame Durvier alla au devant du visiteur avec empressement et l'engagea à passer dans une autre pièce pour causer plus à l'aise.

— Mais je ne voudrais pas vous déranger, vous avez du monde.

— Soyez tranquille, on m'excusera.

Elle poussa Édouard B*** dans le salon qui

suivait le boudoir, ferma soigneusement la porte et fit asseoir son visiteur en face d'elle.

— De quelle affaire s'agit-il? demanda-t-elle, je suis toute à vous.

Édouard entendait remuer les meubles dans le boudoir voisin.

— Mais, dit-il, cette jeune femme, ce vieux monsieur vous attendent, le moment est mal choisi.

— Ils s'arrangeront, ils causeront, parlez.

— Madame, dit bravement Édouard, je viens vous demander votre protection pour mon cousin Paul d'Orlès. Il veut être nommé préfet dans huit jours. Il vous donnera, pour sa nomination, dix mille francs.

Madame Durvier se leva, le rouge lui montait aux joues; elle paraissait indignée.

— Monsieur, fit-elle, vous me proposez un marché, vous, un ancien ami?... je vous punirai en vous obligeant pour rien.

Ceci fut si bien dit qu'Édouard crut s'être

mépris. Il restait confus, quand, tout-à-coup, un cri s'éleva du boudoir.

Avant que madame Durvier eût fait un mouvement, Édouard ouvrait la porte.

Il vit Oscar Barut, un genoux sur le tapis et cherchant à se relever, pendant que la jolie blonde rattachait son chapeau.

Elle était rouge jusqu'au front et lança ces mots à madame Durvier, dont la tête se montrait derrière celle d'Édouard :

— Madame, c'est un guet-apens indigne !

Et la jeune femme s'enfuit par une autre porte.

Oscar murmurait en se frottant et en se secouant :

— Mille francs de perdus !

Édouard devina ces paroles plutôt qu'il ne les entendit, et se tournant vers madame Durvier, il lui dit d'un ton absolu :

— Dans huit jours !

Puis se penchant à son oreille :

— Cette nomination ne doit rien coûter à M. d'Orlès.

Elle avait compris.

Monsieur d'Orlès eut sa préfecture. Édouard B*** ne revint jamais chez la belle veuve, mais il lui garda le secret qu'il avait enfin pénétré.

L'année d'après, madame Durvier vendit son hôtel. Les temps changeaient. Il lui devenait moins facile de se livrer à son industrie. Mais elle se retira avec des bénéfices honnêtes, et personne n'osa lui reprocher d'avoir cotoyé les délits prévus par la loi.

LE TAILLEUR DE LA PETITE BARONNE

Madame d'A*** est pressée. Où va-t-elle? chez son tailleur. Un homme important que ce tailleur, et connu de tout Paris. Il est salué par la fine fleur du *high-life* international, les plus jolies mondaines lui sourient de leur plus agréable sourire.

La petite baronne descend de son coupé et entre chez l'artiste. Il a ses instants comptés, on ne doit pas le faire attendre. Est-ce parce qu'il décide de la toilette et de la beauté de ses clientes?

Pour cela et pour autre chose encore.

Vous allez en juger.

Madame d'A*** arrive chez son costumier. Elle est brune, on l'introduit dans un salon chaud, tendu de satin paille. A côté, un boudoir azur. C'est pour une ravissante blonde, qui en ferme soigneusement la porte.

Il y a dans chaque salon un large canapé et un guéridon chinois surchargé de friandises et de Rœderer frappé.

Tout cela est bien compris.

Et puis, on rencontre souvent le petit vicomte qui accompagne sa sœur chez le célèbre costumier.

Il est si complaisant le petit vicomte !

La robe de madame d'A*** n'est pas prête à essayer. Ce sera l'affaire d'une heure. Le vicomte se dévoue, sa sœur part. Il reste avec madame d'A***.

Le costumier sait son monde.

Il se retire sous prétexte de donner le coup d'œil du maître à la robe sans pareille qu'il destine à la petite baronne. Il revient une heure après, le chef-d'œuvre à la main.

Le vicomte admire et sort.

C'est un homme si convenable que le vicomte ! Madame d'A*** n'aura du moins à rougir que devant son tailleur.

Celui-ci examine en connaisseur ses beaux bras, sa gorge superbe, sa taille idéale.

— Quelle perfection ! quel modelé ! quel galbe ! s'écrie-t-il enthousiasmé ; nous serrerons fortement votre jupe... vous avez des formes de Vénus... il faut dessiner cela...

Et il promène ses doigts efféminés sur la jupe collée, très-collée aux genoux... mais ce n'est qu'un tailleur !

Il pince un peu les épaules... c'est son métier. Et puis on est si bien chez lui ! on y rencontre tout Paris.

Ce maëstro de la coupe féminine ne présente d'ailleurs son mémoire qu'à la dernière extrémité. Il a le flair des gens habiles.

Dernièrement la petite baronne reçut sa note. Vingt mille francs... Une bagatelle, comme vous voyez. Mais la petite baronne a un affreux mari, un tyran qui ne veut pas payer ses chiffons.

Elle court chez son tailleur.

— De grâce ! ne m'envoyez jamais mes notes chez moi, dit-elle, mon mari...

— Oh ! que je suis désolé, madame, croyez que c'est par suite d'une erreur... mais revenez demain, nous nous arrangerons, soyez sans inquiétude.

Un peu plus calme, la jeune femme ne manque pas au rendez-vous.

Dans le petit salon elle retrouve le vicomte plus ardent, plus passionné que jamais.

Et cette fois l'on ne se préoccupe pas du tailleur et on laisse passer les heures.

La nuit arrive.

— Je m'oublie ! s'écrie la baronne.

Il est un peu tard pour s'en apercevoir.

Discrètement le petit vicomte s'éloigne. Le tailleur présente à sa jolie cliente sa facture acquittée.

Elle rougit... nécessairement, accepte... naturellement... et regagne son coupé.

Elle trouve en rentrant son mari qui s'impatiente devant le dîner servi.

— D'où viens-tu ?

— De chez mon tailleur.

Cela couvre tout.

LE LUXE A OUTRANCE

— « Mais, ma chère enfant, nous nous obérons terriblement. Depuis la guerre, tu le sais, les industries de luxe ne vont pas aussi bien que par le passé, nos bénéfices sont de beaucoup moins considérables, et pourtant les dépenses vont toujours croissant. Nous devrions enfin songer à nous réduire.

— Qu'entends-tu par là ?

— Qu'il faut vendre voitures et chevaux et prendre tout simplement un coupé au mois.

— Pourquoi pas un fiacre et même un omnibus ?... Ce serait encore meilleur marché.

— Renvoyer quatre domestiques et ne garder que la cuisinière et la femme de chambre.

— Oh! pendant que tu y es, prends une bonne à tout faire.

— Vendre notre villa de Maisons-Laffitte et sous-louer deux étages de notre hôtel du boulevard Malesherbes; enfin ne dépenser que 6,000 francs pour la toilette au lieu de 20,000.

— Ah! par exemple, toucher à mon budget! mais je serais déshonorée aux yeux de mes amies... quant à ma demoiselle de compagnie, elle m'est de toute nécessité ainsi que la lingère. Je te déclare, en outre, que je tomberai malade si tu me prives de ma voiture, car je resterai constamment claquemurée dans ma chambre, et pour ma santé il me faut de l'air... Tue-moi tout de suite alors, c'est bien plus simple.

— Mais songe, ma mignonne, qu'en continuant notre train de vie nous arriverons fatalement à une catastrophe...

— Arrange-toi pour l'empêcher, cherche,

invente, spécule plus audacieusement, que sais-je? mais ne nous réduisons pas de 25 centimes... que dirait le monde? »

Un problème se présente : Comment peuvent faire certaines femmes, honnêtes, je veux le croire, pour afficher un luxe de toilette bien au-dessus de leur fortune?

— Lisez les *Lionnes pauvres*. — Je les ai lues, vues, applaudies, je sais la pièce par cœur. Mais je vous parle de femmes qui n'ont pas d'amants, ou auxquelles leurs amants ne donnent rien. Il y en a. Il y a même des femmes qui restent honnêtes par paresse. Une intrigue prend trop de temps, il n'y en aurait plus assez pour le couturier et la modiste.

Le mot de l'énigme, c'est la revendeuse à la toilette qui vous le donnera.

La revendeuse à la toilette joue un grand rôle dans le monde; c'est une influence occulte mais puissante. Nous ne voyons que la roue et les aiguilles de la pendule; la revendeuse à la toilette c'est le grand ressort.

Cette robe, si belle, si brillante, si riche ; cette parure éblouissante, cela vaut 6,000 francs. Madame l'a achetée pour cent écus. En voulez-vous la preuve? Regardez, là, sous la taille, à demi-cachée par le pli de l'étoffe, c'est une tache accusatrice, souvenir du dernier souper à la Maison d'Or. Cette robe a été 24 heures celle de mademoiselle Amanda Briquemolle, de mademoiselle Zoé Cassenoisette ou de mademoiselle Bébé Patapouf, cocodettes très-connues et très à la mode.

La grande Zoé avait perdu au jeu chez la petite Irma... ou bien ses robes l'ennuyaient. Elle avait pour 10,000 francs de défroque.

Elle a vendu sa défroque à madame de Sainte-Adresse, qui revend les restes de mademoiselle Zoé aux dames du grand monde.

MADAME DE SAINTE ADRESSE

Cette excellente personne, — quarante-cinq ans, l'œil encore vif et l'air fort avenant, — florissait vers la fin de l'empire, et habitait un coquet petit entresol dans le quartier de la Madeleine.

Elle se disait veuve d'un gros major de l'empire, quoiqu'on n'eût onques entendu parler d'un Sainte-Adresse au ministère de la guerre. Ceci, du reste, importe peu. Il nous serait également indifférent que, pour vivre en travaillant, elle se fut improvisée revendeuse à la toilette et qu'elle eut prélevé, selon la coutume de ces honorables commerçantes, trente pour cent sur l'achat et quarante pour cent sur la vente. Mais le trafic des robes, des dentelles et des diamants n'était qu'une des faces de son métier.

Madame de Sainte-Adresse tenait encore un autre commerce, — celui de la chair humaine.

Avait-elle affaire à une cliente dont la vertu chancelait, une proposition était bientôt faite :

— Ces diamants ont été offerts à mademoiselle Cora par un Brésilien qui l'adorait, mais il l'a quittée. Il part dans deux mois.

— Pourquoi l'a-t-il abandonnée dès aujourd'hui ?

— Il a vu une autre dame hier, et il en est devenu amoureux à en perdre la tête.

— Vraiment !

— Oui, cette dame ignore tout, elle ne saura jamais quelle passion elle a inspirée... N'est-ce pas que cette parure est belle ? Elle va si bien à madame... ces brillants à vos oreilles vous font paraître encore plus jolie...

Ce brésilien a plusieurs millions de rente, il jette l'or par les fenêtres.

— Et vous connaissez la dame qui ?...

— Oui, je la connais et vous aussi...

Le poisson tournait autour de l'appât, quelquefois il refusait d'y toucher, le plus souvent il y mordait.

Le piége était quelquefois mieux tendu. En voici un exemple :

C'est une histoire vraie, les personnages vivent encore. Nous allons seulement déguiser les noms sous de prudentes initiales.

M. Dh*** possèdait une fortune indépendante; il était en train de la doubler par son intelligence et son travail. Associé d'une bonne maison de commerce, il avait créé à sa jeune femme une existence heureuse et facile.

Madame Dh*** avait un enfant, elle était bonne mère; elle aimait son mari, mais elle avait pour la toilette une véritable passion.

M. Dh*** résistait un peu aux caprices de sa femme.

Il lui prouvait régulièrement, deux fois par semaine, qu'avec un revenu de vingt mille francs on ne s'enrichit pas bien vite si on dépense trente mille francs par an.

Madame Dh*** pleurait, elle accusait son mari de tyrannie. M. Dh*** se refusait tout plaisir et travaillait du matin au soir, n'allait à aucun cercle et portait deux ans le même habit. Madame rognait par ci, rognait par là, faisait maigre chère et condamnait son mari à un ordinaire très-peu confortable.

Tout passait au gouffre de la toilette et, malgré les efforts de madame Dh***, le budget ne se soldait pas en équilibre.

Madame de Sainte-Adresse avait accès dans la maison ; c'était une femme habile et ingénieuse. Elle ouvrit d'abord un large crédit.

On accepta.

La revendeuse avait des occasions à chaque instant. Madame Dh*** se trouva plus élégante que jamais, et elle ne demanda pas à son tyran le moindre crédit supplémentaire.

Mais un jour la revendeuse présenta sa note. Il manquait à madame Dh*** une bagatelle pour compléter la somme, quelque chose comme deux mille francs.

— Ce n'est rien, dit la marchande, donnez-moi ce que vous avez et faites-moi un billet pour le reste... Un billet à trois mois. Si dans trois mois vous n'êtes pas en mesure je renouvellerai.

— Accepté.

Un peu avant l'échéance du billet, la revendeuse arrive, apportant un cachemire splendide et une parure de diamants admirables.

— Chère dame, une occasion magnifique, une femme ruinée qui veut vendre vite, cela vaut trente mille francs comme un sou, on l'aura pour dix mille, ne laissez pas échapper cette bonne fortune.

— Mais je n'ai pas d'argent.

— Bah ! faites-moi un billet.

— Je vous dois déjà et j'ai mis de côté la moitié de la somme.

— Laissez donc! gardez cela; faites-moi un petit billet de douze mille francs à six mois. Vous paierez par à-comptes. N'ayez pas peur.

Les six mois s'écoulèrent. Madame Dh*** entassa mensonges sur mensonges pour justifier la possession des diamants : — Cadeau d'une vieille tante, économies sur sa pension, etc., etc. Elle n'oublia rien.

M. Dh***, de plus en plus absorbé par ses affaires et ayant confiance en sa femme, ne demanda pas de plus amples renseignements.

Enfin, l'échéance arrive. Madame Dh*** avait réuni le quart de la somme, trois mille francs. Un moment elle eut la pensée de tout avouer à son mari. Mais elle avait menti. Une fausse honte l'arrêta, et elle n'osait plus revenir sur ses pas; elle devait mentir jusqu'au bout dans la fausse voie où elle était engagée.

— Trois mille francs! s'écria la revendeuse, mais par ces atermoiements vous me faites perdre mon bénéfice. Il faut que je donne aujourd'hui même deux mille francs à l'usurier qui m'a prêté les fonds. Je comptais sur vous. Adressez-vous à votre mari.

Madame Dh*** fondit en larmes.

— Voyons! arrangeons cela. Je ne veux pas que vous pleuriez ainsi... Faites-moi un billet à trois mois, et donnez-moi vos trois mille francs. Je m'arrangerai.

Trois mois après, on lui donnait cinq cents francs pour acheter un délai de quinze jours.

Ce délai passé, madame de Sainte-Adresse devint plus menaçante encore.

S'adresser à son mari, madame Dh*** n'y pensait plus; il était trop tard.

— Écoutez, ma mignonne, dit la coquine qui se familiarisait de plus en plus, voulez-vous vos dix-mille francs ou votre billet ce soir? Je sais un moyen...

— Lequel?

— Un monsieur qui depuis longtemps

me poursuit..... il vous adore..... Si vous voulez?...

— Ah !

— Aimez-vous mieux que je m'adresse à votre mari ? Pauvre cher homme ! ne le désolez pas pour si peu.

— J'en mourrai !...

— Mais non, mais non, on n'en meurt pas.

La pauvre femme résista pendant deux jours ; le troisième, on lui prouva qu'elle n'avait rien à craindre ; on lui promit sa tranquillité, un silence absolu.

Elle succomba.

Un vieux sénateur, de scandaleuse mémoire, M. de X***, se trouva, comme par hasard, dans une maison discrète, dans un appartement loué par madame de Sainte-Adresse pour ce genre d'occasions.

Madame Dh*** s'abandonna à ses caresses, tremblante de peur, désolée, dégoûtée. Elle avait pensé quelquefois à vendre les diamants, mais son mari eût remarqué leur absence ; elle se serait trahie. Elle préférait vendre son honneur.

M. de X***, en homme du métier, ne paya que la moitié du billet; il fallut le revoir et lui accorder trois ou quatre rendez-vons pour obtenir le reste de la somme.

Tout cela ne s'était pas fait sans quelques démarches, on avait échangé des lettres. Madame Dh***, qui avait la tête perdue, avait écrit à la revendeuse, et celle-ci avait en main la preuve du déshonneur.

Madame Dh*** lui appartenait. Elle le lui fit sentir.

Pendant deux années, cette jeune femme devint la chose, la marchandise d'une horrible créature. La revendeuse ne lui écrivait pas. Il y avait entre elles un signe convenu. A ce signe, madame Dh*** devait abandonner son mari, sa maison, son enfant... Si elle avait ce jour-là une invitation, un bal, une fête, il fallait prétexter une maladie, courir chez l'entremetteuse et se prostituer au premier venu.

Au bout de deux ans elle résolut de mourir.

. . . .

Madame de Sainte-Adresse est aujourd'hui *retirée des affaires*. Elle habite auprès de Paris une villa princière où elle donne des fêtes vénitiennes fort recherchées, surtout par les gens qui, de loin ou de près, tiennent encore à l'empire.

Elle est devenue dévote, communie une fois par semaine, et tonne contre l'impiété de notre époque.

Elle est abonnée au *Figaro* et à l'*Univers*.

O Sainte-Adresse, que Veuillot te bénisse !

UNE PROMISCUITÉ MALSAINE

On dit que les logements ont augmenté à Paris après chaque exposition. Si l'on cherchait, on trouverait un autre motif, car les propriétaires n'attendent pas les expositions pour doubler et même tripler leurs prix.

Il y a des métiers qui font prime. Autrefois certaines rues étaient affectées aux courtisanes. C'était un quartier sacrifié, un exutoire, un lupanar.

Aujourd'hui les filles sont tolérées partout. Pas une maison où il n'y en ait.

Pourquoi ? Cet appartement occupé par une famille honnête depuis neuf ans est de trois mille francs ; à l'expiration du bail une cocotte en offre quatre mille. On congédie la famille honnête, si elle ne veut pas subir l'augmentation.

Le propriétaire se frotte les mains, en conservateur moral, et acceptera avec empressement les propositions qui lui seront faites désormais par des locataires malsaines.

Il faut donc, sous peine de coucher dans la rue, que les honnêtes femmes subissent une nauséabonde promiscuité.

La jeune fille bien élevée, qui n'aura reçu que des exemples de vertu, ne pourra s'approcher de sa fenêtre sans voir la voisine en costume tapageur, arrivant dans des équipages d'occasion, en compagnie du cavalier du jour qui n'est jamais celui de la veille ; elle surprendra la nuit, sur les vitres éclairées, des silhouettes indiscrètes.

Ce n'est pas là le plus révoltant :

Une nuit, tout le monde dormait chez M. A***, un de nos amis. Sa fille aînée, âgée de dix sept ans, avait sa chambre à côté de celle de sa mère. Tout à coup, vers deux heures du matin, la serrure de la porte de l'appartement grinça, le pêne glissa. C'était cependant une serrure de sûreté, fermée à double tour et dont le propriétaire avait eu soin, en louant, de faire valoir la solidité.

Mademoiselle A*** entendit un bruit de pas. On marchait doucement. Craignant pourtant de se tromper, elle n'osait appeler pour ne pas effrayer inutilement sa mère.

Enfin la porte de sa chambre s'ouvrit et un homme parut.

Elle poussa des cris d'épouvante.

— Madame, excusez-moi. Je ne suis pas un voleur, mais je crois que je me suis trompé d'étage.

La pauvre enfant n'entendait plus, se croyait perdue, appelait au secours et se cachait sous les couvertures.

Elle ne voyait pas qu'elle avait affaire à un

homme vêtu à la dernière mode et d'une distinction parfaite.

Ce gentleman, presque aussi effrayé que la jeune fille, se retirait quand le maître de céans se précipita sur lui et faillit l'étrangler. Cependant on parvint à s'expliquer. Le monsieur donna sa carte. C'était un personnage politique fort connu. Il avoua qu'il allait achever sa nuit chez une petite baronne d'invention récente et très à la mode, qui habitait au-dessus de monsieur A***, et qui lui avait confié la clé de son appartement.

Vérification faite, cette clé se trouva exactement pareille à celle de monsieur A***.

On échangea des excuses, et ce fut tout.

Ces mésaventures sont devenues fort ordinaires. Les honnêtes gens *les trouvent mauvaises*, mais, dame! elles font les délices du monde interlope. La baronne de la Houspignolle a dû se tordre, je gage, en racontant l'effarouchement de la pucelle du second. . . .

. . . .

Il serait facile cependant de préserver la famille du contact forcé du vice, du froissement journalier avec l'impudeur.

La Préfecture de police devrait obliger toutes les femmes, qui n'ont pas de moyen d'existence avouable, à aller se réfugier, comme sous la Restauration, dans un quartier quelconque, le plus retiré possible, et à y rester parquées. Ce serait le quartier du vice. Les gens moraux le sauraient et s'en éloigneraient.

Il est honteux qu'à Paris, et sous une République, le flot envahissant de la débauche ne laisse plus de place à l'honnêteté, alors qu'il suffirait d'un trait de plume pour l'arrêter et lui dire : Tu n'iras pas plus loin !

UN MARI DE SON SIÈCLE

C'était un charmant ménage parisien du grand monde.

M. le comte de K*** passait pour l'homme le plus loyal, le plus brillant aussi. Il avait une femme élégante, une fille adorable. Deux anges. Les anges coûtent cher. Il arriva un moment où le Comte et la Comtesse se ruinèrent, sans pouvoir dire comment. Ils s'accusèrent mutuellement. En réalité, ils n'étaient pas plus coupables l'un que l'autre. Chacun s'était beaucoup amusé.

M. de K*** avait un esprit fécond en ressources, il proposa à sa femme de terminer la discussion en se séparant à l'amiable, sans bruit, en gens qui savent vivre. Le mari garderait pour lui le traitement d'une sinécure qu'il venait d'obtenir dans un château impérial, et vivrait en garçon ; la femme, avec l'aide de ses riches connaissances, exploiterait une industrie quelconque. Tous les deux n'ayant plus de train de maison resteraient complétement libres, chacun de son côté.

Madame de K*** était une femme courageuse. Son mari lui laissait sa fille, elle accepta. Elle espérait se livrer assidûment au travail, du moment qu'elle n'aurait aucune obligation mondaine. Elle réussit, et fonda un établissement artistique qui lui donnait de grandes espérances. Elle avait trouvé des protecteurs parmi ses amis, un entre autres qui, au bout d'une dizaine d'années, mourut en lui laissant vingt mille livres de rente. Elle pensa alors qu'elle pouvait renoncer au commerce, vendit sa maison, et loua un petit hôtel non loin du Parc Monceaux.

Son mari ne s'était pas occupé d'elle depuis leur séparation ; mais dès qu'elle fut en possession de son héritage, il se montra. En homme qui connaît son code, il lui fit entendre qu'elle n'avait pas le droit de jouir de sa nouvelle fortune sans son autorisation. Et comme madame se révoltait, il lui dit que la provenance de cet héritage n'était peut-être pas très-honorable et que le monde pourrait croire bien des choses.

Tel est l'argument que cet honnête mari se proposait de faire valoir en plein tribunal, si on en arrivait à plaider.

Madame de K*** comprit et céda. Son mari revint chez elle, quitta sa place et vécut comme autrefois sur le pied de cent mille francs de rente.

Il ne pensa plus à l'origine de cet héritage. Il en profita pour conquérir une belle position, qu'il occupe encore aujourd'hui.

Il y a tous les samedis dîner et soirée à l'hôtel de K***.

Madame la Comtesse est toujours entourée, mais pour sa fille maintenant.

Quant au mari, il passe pour l'homme le plus délicat du monde.

LE DOCTEUR ROUBLARD

M. le docteur Roublard est une des réputations médicales de Paris. A l'instar des Ricord, des Piorry, des Bouillaud, des Broca, des Labbé, il ne fait des visites qu'en calèche à deux chevaux ou en élégant coupé. Et cependant les gens sensés et érudits de la ville ont constaté que jamais cure remarquable n'avait été opérée par M. le docteur Roublard, et que jamais Sangrado n'a dû tuer plus de malades que lui.

Pourquoi donc a-t-il réussi ?

C'est que M. Roublard s'est fait une règle de conduite dont il ne s'est jamais départi, et qui a suppléé à son mérite absent. Cette règle de conduite, il la donnait dernièrement par lettre à son fils, élève de l'École de médecine de Montpellier. On nous a communiqué une copie de ce chef-d'œuvre, que je livre avec enthousiasme à mes lecteurs, au risque de me faire scalper par M. Roublard.

« Mon cher enfant,

» Tu es jeune, suffisamment instruit, bientôt docteur, je l'espère, grâce à mes relations, et tu désires exercer la médecine? je t'approuve. Tu es petit, bien fait, tu ne marches qu'en voiture, sois médecin, mon Polidor! Mais avant de te consacrer au service de l'humanité souffrante, écoute les conseils de ton vieux père, et surtout retiens-les pour te servir de guide dans ta pratique médicale. Et d'abord garde-toi d'être modeste. Les niais seuls ont de la délicatesse et de la retenue. Sois convaincu que tu es le plus grand, le plus savant, le premier des médecins. A force de répéter cela à tes clients, tu en seras persuadé toi-même, et cette conviction décidera de tout ton avenir.

» Lancé dans cette voie, la seule vraie, la seule profitable, ne te romps plus la tête à étudier. Abandonne-toi à ton inspiration. Un brillant ameublement est préférable à une riche bibliothèque.

» Il est entendu, Polidor, que ton diplôme de docteur te rend apte à traiter toutes les affections, les maladies internes comme les externes, depuis les maux de nerfs, les agacements des femmes vaporeuses, jusqu'aux opérations savantes de cataractes et lithotritie. Cette universalité est le propre de tous nos grands maîtres. Du reste, à chaque maladie que tu auras à soigner, à chaque opération chirurgicale à pratiquer, n'oublie pas de dire fréquemment que tu as fait une étude spéciale de ce sujet; cela inspire toujours à la multitude. Dans les discussions avec les malades, aie l'air de prendre en pitié tes confrères ; souris dédaigneusement lorsqu'on prononcera, devant toi, les noms des réputations médicales françaises et étrangères.

» N'admets comme vraiment savants que Dupuytren, Chomel, Andral, Velpeau, Nélaton, Tardieu, Jobert de Lamballe, Trousseau et vingt autres de la même farine, attendu qu'ils sont tous morts.

» Aie en grande estime le pharmacien, ce précieux auxiliaire de ton art; sache qu'on le consulte bien souvent sur ton nom, sur ta capacité, sur ta manière de formuler, et qu'un mot malveillant de sa part peut te faire le plus grand tort auprès de certains clients. Ordonne à tes malades, autant que faire se pourra, les drogues de son invention. Il te saura un gré infini de cette petite courtisanerie.

» Sois poli avec tous les malades, néanmoins ne commets pas la bévue de les respecter, traite les de haut, capricieusement, et tu n'en seras que plus aimé. Le médecin doux est peu craint; sa douceur passe pour de la faiblesse, de l'incapacité.

» Pour les femmes c'est une autre affaire. Cette engence sentimentale exige quelques précautions. Approche-les avec douceur, avec bienveillance, reste toujours digne devant elles, car la femme ne trouve souvent parmi les hommes qui l'entourent qu'un âpre égoïsme, partout et toujours rusé, ardent, habile pour l'attaquer, insouciant pour la protéger et la défendre. Montre à la femme que le médecin n'est pas un homme ordinaire sous ce rapport et qu'il ne partage ni les illusions, ni les faiblesses du simple mortel.

» Ne dédaigne de prodiguer tes soins à aucun malade, aux pauvres comme aux riches. Sans doute tu ne feras pas fortune directement avec les premiers, mais on t'estimera, on t'honorera, et la voix du pauvre que tu auras tiré des portes du tombeau criera plus haut que celle du riche, qui se montrera ingrat lorsqu'il t'aura payé.

» Polidor, ne te gêne jamais lorsque tu es en consultation avec tes confrères, avec tes maîtres mêmes; songe que tu feras toujours mieux qu'eux, et défie-toi de leurs compliments. Le plus souvent ces gens-là ne cherchent qu'à te supplanter, c'est-à-dire à prendre tes malades. Chez nous, comme ailleurs, la confraternité n'est qu'un vain mot.

» Ne crains donc pas de formuler toi-même la consultation, et ne leur fais pas la plus petite concession relative au traitement. Traîne-les alors devant le patient, et fais-leur dire, en présence de ceux qui l'entourent, qu'il n'y avait rien à ajouter à la médication savante que tu as dirigée depuis le début de l'affection. Ils n'en penseront pas un mot, mais ils seront forcés d'en convenir : c'est tout ce qu'il te faut.

» Si ton client meurt, tant pis. Le médecin n'est-il pas à l'abri de la loi? S'il est sauvé, tu feras rédiger par un jeune confrère une bonne observation de la maladie qui a exigé une consultation ; tu glisseras habilement les noms des grands médecins appelés, et tu auras le soin d'insister sur ce point, que pas un iota n'a été changé au traitement que tu avais formulé.

» Les ânes qui lisent les journaux de médecine ouvriront de grands yeux, et leurs oreilles s'agrandiront encore pour retenir ton nom. Néanmoins, malgré ce service que te rendront les feuilles médicales, apprends, mon Polidor, à mépriser les journalistes. Ces confrères sont tous de mauvaise foi et ont un caractère détestable. Seulement comme leur espèce est fort nuisible, sois un peu politique envers eux : salue-les, si tu es sûr de ne pas être vu, et si tu es forcé d'entrer dans leur capharnaüm, prends-leur bien vite un abonnement que tu feras servir à ton épicier ou à ton concierge.

» Étudie avec soin la question des honoraires, elle est palpitante d'intérêt pour le médecin. N'oublie jamais qu'on ne fait rien pour rien en ce monde. Fais payer largement. Plus tu prendras cher, plus tu seras recherché : le malade veut être trompé en tout et pour tout, et le médecin consciencieux qui croit à l'honnêteté de ses clients, n'est qu'un imbécile, un idiot indigne de la haute profession qu'il exerce. Fais payer, on te considèrera.

» Suis ces conseils, ô mon fils, et tu verras venir à toi la gloire, la fortune, les honneurs, toutes choses qui font nécessairement partie de l'art exceptionnel de la médecine. »

LE TRUC D'UN DIRECTEUR DE THÉATRE

Une grande dame fort connue dans le monde parisien, par le confort de son hôtel et le luxe de ses réceptions, a la malheureuse toquade de se croire auteur dramatique, artiste lyrique, et que sais-je encore !

Cette infirmité lui a, jusqu'ici, coûté fort cher et désespère sa famille qui, n'était la crainte du scandale, l'aurait déjà fait interdire depuis longues années.

Vous dire que la pauvre femme a été maintes fois la dupe des habiles, ne vous surprendra pas.

Parmi les jolis trucs d'exploitation inventés

à son préjudice, le suivant mérite une mention.

C'était pendant la période de l'empire la plus décolletée.

Madame de Z... présente un jour une grande machine à spectacle au directeur d'une scène en vogue.

Celui-ci était dans une situation précaire.

— Madame de Z... chez moi, se dit-il, c'est la Providence qui l'envoie!... sachons en tirer parti.

Huit jours après le manuscrit était lu.

— Eh bien? demanda l'auteur.

— Il y a de très-bonnes choses, des idées fort ingénieuses, mais comment vous dire cela...

— Parlez, parlez, je sollicite vos sages avis.

— Pour monter dignement une œuvre de cette importance, il faudrait dépenser ce que je n'ai pas.

— Qu'à cela ne tienne; je me charge d'une

partie de la mise en scène... Avez-vous établi le compte des frais?

— Oui, et c'est ce compte qui m'épouvante, il me manque bien une soixantaine de mille francs.

— Vous les aurez demain. Et je serai en répétition?

— La semaine prochaine.

Quinze jours s'écoulèrent, après l'encaissement de ladite somme, et point de bulletin de répétition...

L'auteur revint.

— Avant la lecture aux artistes, je me suis heureusement aperçu, soupira le directeur, qu'il y avait, dans votre ouvrage, des inexpériences scéniques d'une incroyable juvénilité; même dans votre intérêt, il serait indispensable qu'un dramaturge, rompu au métier, s'en emparât, le remaniât, le mit enfin sur pied... et puis le style laisse aussi un peu à désirer.

— Mais pourquoi ne m'avoir pas dit cela tout d'abord ?

— J'ai été séduit à la première lecture par la grandeur de la conception, j'ai été ébloui par les idées; mais à la seconde et à la troisième lecture, j'ai été désillusionné, l'invraisemblance des situations m'est apparue; bref la pièce est injouable telle quelle est, et ce serait en la montant courir au devant d'un échec que je ne veux ni pour ma caisse ni pour votre dignité.

Cette apparence de franchise émut la noble dame.

— Et, avez-vous en vue le collaborateur?

— Parfaitement, avec ce mot je suis certain que mon illustre ami Y***, malgré ses innombrables occupations, ne refusera pas de vous rendre le service demandé.

L'auteur y courut avec son manuscrit, et remit le billet du directeur en mode de carte de visite.

La visiteuse fut admirablement reçue, mais le dramaturge se fit tirer l'oreille avant d'accepter.

— Je dois premièrement lire votre œuvre, madame, et si elle est dans mes eaux, je serai très-honoré d'y collaborer. Accordez-moi huit jours.

Effectivement, la semaine suivante la pièce était lue.

— Les observations de mon excellent ami le directeur *** étaient fort justes; il y a malheureusement beaucoup de travail pour moi, qui suis, vous le savez, surchargé de besogne. Pour être tout à vous, il me faudrait négliger un drame, un roman, sans parler de ma comédie de l'hiver prochain, quitter Paris, aller passer un mois en Suisse ou à la mer.

— Je suis disposée, cher maître, à vous dédommager de vos peines, et si vous voulez me faire le plaisir d'évaluer vous-même les dépenses que je vous occasionnerai...

— Oh! une vingtaine de mille francs suffiront.

— Et vous pensez que ma pièce sera...

— Un des plus grands succès de notre époque, j'en réponds.

Émerveillée, la dame s'éloigna, et le soir même son collaborateur trouvait sous pli vingt billets de mille francs.

Les jours, les mois s'écoulèrent.

La dame ne vivait plus. Le directeur feignait le plus grand désespoir de ne pas être en mesure de monter une œuvre destinée à le remettre à flot.

Enfin, le manuscrit tant désiré arrive, enrichi d'une vingtaine de corrections environ.

Mille francs par correction, c'était pour rien.

— Et maintenant, dit triomphalement la noble dame au directeur, rien ne s'oppose plus à ce que je sois jouée.

— Non certes. Et vous allez l'être, je vous en donne ma parole.

Et elle le fut, jouée, la malheureuse ! Quelques jours après, il mettait, comme l'on dit, la clé sous la porte, et le théâtre passait en d'autres mains.

La pièce de madame Z*** n'a jamais vu le jour, mais elle lui coûte déjà soixante-dix mille francs.

En revanche, le dramaturge en vogue s'est servi de l'idée mère de cette pièce ; et quant au directeur, il reçoit, malgré ses nombreux désastres, coups de chapeau et poignées de main.

— Il méritait mieux, dit-on, un homme si habile !

Vous verrez qu'il retrouvera des capitaux.

LE
RADEAU DE LA MÉDUSE
JOURNAL POLITIQUE QUOTIDIEN
SCÈNE PARISIENNE EN PLUSIEURS TABLEAUX

Premier Tableau

L'Antichambre

SCÈNE PREMIÈRE

PREMIER GARÇON DE BUREAU, *absorbant des pains à cacheter.*

Eh bien ! par exemple, en voilà une bonne !... C'était vraiment pas la peine que mon député se donnât autant de mal pour me caser... et avec un cautionnement, encore ! Elle est jolie, la place !... Trois mois de retard pour les appointements !... et l'autre jour est-ce qu'on ne voulait me faire garantir le numéro chez l'imprimeur !... plus souvent... je sors d'en prendre... avec ça qu'on gagne de la confiance à voir le monceau de papier timbré qui arrive ici tous les matins... Et l'épicier d'en bas... l'actionnaire malgré lui... (Il rit sous cape.) voilà maintenant qu'il ne veut plus donner d'huile à crédit. Et le charbonnier !... Je n'ai eu que le temps de prévenir M. Bertrand, notre administrateur, il a filé par la fausse sortie... eh ! eh ! par l'escalier de service. Mais c'est le charabia qui n'était pas content ! il l'a bien fait voir en fendant la porte d'un coup de poing... C'est égal, j'ai une faim qui me galoppe... (Il avale une seconde poignée de pains à cacheter.)

SCÈNE II

DEUXIÈME GARÇON DE BUREAU.

Ah ! quelle sacrée chienne de boîte !... je viens de courir tous les théâtres et je n'en rapporte pourtant que trois billets !...

PREMIER GARÇON DE BUREAU.

Donnez.... que j'aille les mettre sur le bureau du rédacteur en chef.

DEUXIÈME GARÇON DE BUREAU.

De quoi!... de quoi! Vous croyez bonnement que je vais m'échiner à courir pendant deux heures pour donner des billets à ces panés-là? jamais de la vie!... Il m'en manque encore un... j'en avais promis quatre. Quelle sacrée chienne de boîte !

PREMIER GARÇON DE BUREAU, avec un soupir.

Je m'en vas chercher les journaux du soir. Ça ne sera pas commode, par exemple, la mère Grojean était bien mal lunée ce matin. Elle ne voulait plus faire crédit... Elle prétend qu'on lui doit deux cents francs et qu'elle va arrêter les frais... (Il sort.)

SCÈNE III

DEUXIÈME GARÇON DE BUREAU.

Ah! ça, voyons... et la consigne!... ce vieux serin de père Courtois qui s'en va sans me la donner. Après tout, ça ne change guère, ici, le caissier n'y est jamais, le rédacteur en chef toujours. (On sonne.) Allons bon ! qu'est-ce qu'il y a encore... (Il s'étire et baille bruyamment. — On sonne plus fort.) Voyons, qu'est-ce qu'il chante aujourd'hui, le *Radeau de la Méduse?* (Il lit. La sonnette s'agite avec frénésie.) Voilà!... voilà!... on y va.

Deuxième Tableau

La salle de rédaction

SCÈNE PREMIÈRE

LE SECRÉTAIRE DE RÉDACTION.

Vous verrez que cet animal de Follavoine arrivera de Versailles à des heures impossibles.

UN RÉDACTEUR.

Follavoine?... il est à côté... il potasse un sonnet pour Aurélie.

LE SECRÉTAIRE DE RÉDACTION.

C'est impossible! Follavoine!... Follavoine!...

FOLLAVOINE, entrant.

Ah ! cher ami, pourquoi me déranger ? Est-ce pour m'annoncer que la caisse est ouverte ? (Tous les rédacteurs partent d'un éclat de rire.)

LE SECRÉTAIRE DE LA RÉDACTION, grincheux.

Voyons, Follavoine, pas de mauvaises plaisanteries... Il s'agit de Versailles... Qui nous fera le courrier parlementaire ?

FOLLAVOINE.

Ma foi ! je n'ai pu tirer un sou de l'administrateur. Et je suis fatigué de faire des avances de voyage qui ne me seront jamais remboursées... j'en ai grand'peur.

TOUTE LA RÉDACTION, en chœur.

Et nous donc !...

LE SECRÉTAIRE DE RÉDACTION.

Allons !... nous ferons la séance sur le compte-rendu analytique. (Il lève les yeux au ciel.) Quel *canard*, grands dieux !... quel *canard !*

PREMIER RÉDACTEUR.

Dites-donc, vous autres, mon tailleur qui

vient de mettre opposition à mes appointements.

DEUXIÈME RÉDACTEUR.

Le pauvre homme !... si ses habits sont aussi solides que ses illusions, tu en as pour deux ans au moins.

PREMIER RÉDACTEUR.

Ce qui ne serait pas à dédaigner par ce temps de *Radeau de la Méduse.*

TROISIÈME RÉDACTEUR.

Il n'y aurait pas chance de trouver un confrère qui m'invite à dîner ? (Silence général.)

QUATRIÈME RÉDACTEUR.

Je propose que nous saisissions Bertrand, l'illustre directeur-administrateur-caissier du *Radeau de la Méduse,* et que nous lui chauffions les pieds jusqu'à ce qu'il livre les clefs de la caisse.

PREMIER RÉDACTEUR.

La belle prouesse !... il loge le diable dedans.

CINQUIÈME RÉDACTEUR, entrant précipitamment.

Messenfants !... crrrante noufelle... Robert

Magaire notre geair rédacteur en chef est en gonférence avec drois panguiers.

CHŒUR DE RÉDACTEURS.

Oh! oh! la bonne histoire!

CINQUIÈME RÉDACTEUR.

La gompinaisson est invailliple !... Afant drois chours nous balberons dout l'arriéré... et alors messamis... guelle vête! les femmes!... les fleurs!... un dorrent de chouissances. (Murmure d'incrédulité.)

ROBERT MACAIRE Entre.

Messieurs, mes amis, mes enfants. J'ai cent mille francs dans ma caisse. (Cris d'enthousiasme.) Je viens de terminer une affaire qui nous sort enfin d'embarras. Avant peu... vous serez tous récompensés de vos efforts, de votre dévouement. (Sa voix devient tremblante.) Mais jusque-là, je veux dire jusqu'à ce que j'aie pu faire négocier ces valeurs, excellentes du reste, il faut que nous bravions la tempête...

UNE VOIX AVIDE.

Quand touchera-t-on ?

ROBERT MACAIRE.

... Nous sommes sur le vaisseau, nous n'amènerons jamais notre pavillon...

LA MÊME VOIX.

Combien de jours faut-il encore rester en panne ?

ROBERT MACAIRE.

... Nous serons l'étonnement de la presse. On nous admire... on nous respecte... on nous envie... non, mes enfants... (Il s'attendrit.) ... laissez-moi vous donner ce titre cher à mon cœur... nous resterons sur le vaisseau, nous braverons la tempête... (L'émotion lui coupe la parole.)

PREMIER RÉDACTEUR.

Allons, mes enfants, célébrons cet heureux événement en dînant avec des petits pains et du beurre. (Toute la rédaction sort, sauf Robert Macaire et le cinquième rédacteur.)

ROBERT MACAIRE.

Les voilà tous gaillards... Je les ai chauffés à blanc... ils vont me faire un numéro splendide.

CINQUIÈME RÉDACTEUR.

Guel crand homme que ce Robert Magaire !

ROBERT MACAIRE, s'épongeant.

Ouf ! en voilà pour quinze jours !...

CINQUIÈME RÉDACTEUR, souriant.

Et après !...

ROBERT MACAIRE.

Je trouverai autre chose.

Troisième Tableau

Le Cabinet du Directeur

BERTRAND.

Sapristi !... ils sont tous à crier après moi. S'ils croient que je suis sur un lit de roses, ils se mettent singulièrement l'index dans la rétine... Bertrand par-ci, Bertrand par-là...

Eh ! que diable ! maintenant que la grenouille est mangée... je voudrais bien m'en aller.

Voyons ! qu'est-ce que j'ai d'argent... soixante francs !... c'est peu. Si je viens à perdre ce soir à la *Puce qui renifle*, il me restera à peine de quoi offrir un buisson d'écrevisses à la comtesse de Trossenville... Charmante femme, après tout... un peu mûre, c'est vrai, mais elle a de si belles relations ! Elle me dénichera sûrement quelque gogo. Et le diable sait si le besoin s'en fait sentir ! (Entre le commis de l'imprimerie.)

LE COMMIS.

Monsieur, nous avons dû donner ordre de ne commencer la composition du *Radeau de la Méduse* qu'après versement intégral du prix du numéro.

BERTRAND.

Ah ! très-bien !... très-bien !... voyez donc M. Robert Macaire, il avisera. (Le commis sort sans saluer.)

BERTRAND, seul.

Ah ! ah !... j'oubliais les bouillons... (Il sonne.)

PREMIER GARÇON DE BUREAU.

Que désire Monsieur ?

BERTRAND, sérieux.

A-t-on vu le marchand de vieux papiers ?

PREMIER GARÇON DE BUREAU.

Il vient d'arriver... Pardon, je serais désireux de vous demander un petit service... Je n'ai plus un sou et mes pauvres vieilles jambes sont si malades que je voudrais bien ne pas rentrer à pied à Belleville. Un petit à-compte...

BERTRAND, préoccupé.

Oui, oui, demain, je dois recevoir dix mille francs... je vous donnerai cent sous.

PREMIER GARÇON DE BUREAU, hésitant.

C'est que... je n'ai pas mangé de la journée...

BERTRAND, avec dignité.

Père Courtois !... il est trop tard. Je suis trop occupé maintenant. Quand vous aurez un service à me demander, il faudra vous y prendre plus tôt.

PREMIER GARÇON DE BUREAU, interloqué.

Ah! c'est dif...fé...rent. (Il salue et sort.)

ROBERT MACAIRE, entrant.

Ah! bonjour Bertrand, bonjour, donnez-moi donc un reçu de mille francs. Je viens d'envoyer payer le numéro d'aujourd'hui du *Radeau de la Méduse*. Cinq cents francs, comme vous savez. (Il se frotte les mains.) J'ai fait une petite affaire ave le bulletin financier... Mais demain il faudra se remuer, par exemple.

BERTRAND, tendant le reçu.

Voilà! mais... et le reste?

ROBERT MACAIRE, lui frappant sur l'épaule.

Ah! farceur, et ma commission? tiens, vieux pirate, voici la tienne. (Il sort.)

BERTRAND, empochant.

Vous m'en direz tant!...

LE MARCHAND DE VIEUX PAPIERS, entrant.

Bonsoir, monsieur Bertrand, il y a bonne aubaine aujourd'hui... Cinquante francs... Si vous allez de ce train-là vous gagnerez plus avec moi qu'avec le public.

BERTRAND, distrait.

Oui, oui. (Tendant les mains.) Et les cinquante francs ?

LE MARCHAND DE PAPIERS.

Ah! ma foi, j'étais las d'attendre parmi un tas de créanciers qui vous traînent dans une jolie boue. Je les ai remis au jeune garçon de bureau... donnez-moi le reçu, s'il vous plaît, je suis pressé.

BERTRAND, tendant le reçu.

Voilà! (A part.) Pourvu que ce diable d'Oscar ne me joue pas le tour. (Il sonne avec violence.)

DEUXIÈME GARÇON DE BUREAU, à la cantonnade.

Non, messieurs, ce n'est pas la sonnette du Directeur, il est à Versailles!... c'est celle de la rédaction. (Murmurs énergiques. — Le garçon de bureau entre.)

BERTRAND.

Vous avez reçu cinquante francs du marchand de papiers ?

DEUXIÈME GARÇON DE BUREAU, cavalièrement.

Oui, mais je les garde comme à-compte sur mes appointements. Voilà le reçu.

BERTRAND.

Mais, malheureux, on ne te doit rien, à toi, tu es en avance.

DEUXIÈME GARÇON DE BUREAU.

Ah! c'est comme ça! eh bien! je casse du sucre... Je vous lâche tous les particuliers qui sont là à vous attendre.

BERTRAND, rageur.

C'est bon! va-t-en voir si l'escalier de service n'est pas gardé.

DEUXIÈME GARÇON DE BUREAU.

A la bonne heure!... on y va.

UN RÉDACTEUR, entrant.

Ah! Bertrand, je vous pince, vous alliez filer sans tambour ni trompette. Allons! il n'y a pas à équivoquer, il me faut au moins un louis. Dépêchons, dépêchons, plus vite que ça.

BERTRAND, se fouillant.

Parole! mon cher, j'ai douze sous, pour dîner ce soir. Demain je touche dix mille francs...

LE RÉDACTEUR, narquois.

Ta, ta, ta, un louis ou je cogne, puisqu'il faut en venir aux grands moyens. (Bertrand lui donne un louis.) Là, je savais bien que vous ne me refuseriez pas. (Rêveur.) Je regrette de ne pas vous en avoir demandé deux... Le *bouillon* était fort aujourd'hui.

BERTRAND.

Faites-moi un petit reçu provisoire.

LE RÉDACTEUR, écrivant.

Voilà!... voilà!... ah! dites donc, Bertrand, une idée, un moyen infaillible pour avoir de l'argent...

BERTRAND, dressant l'oreille.

Voyons l'idée.

LE RÉDACTEUR, écrivant toujours.

Faites tirer demain le *Radeau de la Méduse* à

un million d'exemplaires et vendez le *bouillon*.

BERTRAND.

Farceur ! va, (Après réflexion.) au fait, j'y songerai... Ah ! diable ! l'heure de l'absinthe est passée... je ne trouverai plus de partenaire au jacquet. (Il s'enfuit par l'escalier de service.)

Quatrième Tableau

Le cabinet du rédacteur en chef

ROBERT MACAIRE, écrivant.

Allons, voyons, récapitulons. La réclame, Tartempion dans le bulletin politique. Peste ! ce sera un peu dur, mais je m'en charge. A propos de l'équipement de l'armée ottomane on peut risquer une allusion aux Cambrions Goodycar... Dans la chronique, la réclame de l'injection Cornifer... eh ! eh ! ce sera roide... d'autant plus qu'elle roule sur le dernier bal de la vicomtesse K*** cette malheureuse chronique.., enfin ! je chargerai le reporter de rafistoler cela... Un reporter c'est bon à tout faire.

DEUXIÈME GARÇON DE BUREAU, entrant.

Monsieur Robert Macaire veut-il recevoir M. Aristide Lecamus?

ROBERT MACAIRE.

Qu'est-ce que c'est que ça, M. Lecamus?

PREMIER GARÇON DE BUREAU.

C'est un jeune homme très-bien mis. Il a un manuscrit sous le bras.

ROBERT MACAIRE, vivement.

Faites entrer.

ARISTIDE LECAMUS.

Monsieur !... (Il salue.) pardonnez-moi (Il salue de nouveau.) mon audace et mon importunité... (Il salue toujours.)

ROBERT MACAIRE, à part.

Il a l'air très-bien, ce jeune homme. S'il pouvait être riche et majeur... (A Aristide qui salue toujours.) Il n'y a pas d'importunité, monsieur, asseyez-vous donc, les *jeunes* sont toujours bien accueillis au *Radeau de la Méduse*.

ARISTIDE LECAMUS.

C'est le manuscrit d'un roman que je prends la liberté de présenter...

ROBERT MACAIRE, sérieux.

Ah! monsieur, que me dites-vous là. Mais j'en ai à n'en savoir que faire. Tenez, je viens de recevoir un mot de mon illustre ami Z***, qui me supplie de lui faire passer un roman... à titre gracieux. Le *Radeau de la Méduse* est extrêmement lu dans tous les mondes et fort apprécié dans les cercles politiques et littéraires. Ce serait un excellent début pour un jeune auteur que de commencer chez nous, mais...

ARISTIDE LECAMUS, balbutiant.

C'est, bien entendu, à titre gracieux que je venais offrir mon œuvre.

ROBERT MACAIRE, paternel.

Ah! jeune homme, laissez-moi donc vous

dire que vous allez vous engager dans une voie hérissée d'obstacles... pénible à gravir, et qui aboutit trop souvent à la misère.

ARISTIDE LECAMUS, humblement.

Je n'ai pas cela à craindre. Je suis majeur, libre, et je jouis d'une honnête aisance.

ROBERT-MACAIRE, tendrement.

Ah! cher monsieur, la jeunesse est confiante, souvent ce qu'elle croit l'aisance n'est que la pauvreté... Les jeunes poëtes — car vous devez êtres poëte — sont si enthousiastes!

ARISTIDE LECAMUS, légèrement nerveux.

Monsieur, j'ai cinquante mille francs de rente, ce n'est pas considérable, il est vrai, mais j'ai des espérances.

ROBERT-MACAIRE, affectant le sang-froid.

Voyons le roman... très-belle écriture... le titre! ah! le titre, c'est une grande chose, cher monsieur : *La belle Polonaise*. C'est parfait, ça sonne convenablement, et puis ce n'est pas commun. Oui... décidément, cela ferait très-bien sur une affiche ainsi conçue :

Pour paraître prochainement dans

LE RADEAU DE LA MÉDUSE

LA BELLE POLONAISE

GRAND ROMAN DE MŒURS

PAR

Aristide LECAMUS

Oui... il me semble déjà que je lis cela sur tous les murs, ça tirerait l'œil...

ARISTIDE LECAMUS, tremblant.

Quoi! vous feriez des affiches! un tel honneur?...

ROBERT-MACAIRE.

Oui! je ferais des affiches... si nous ne traversions pas des moments si difficiles. Nous avons dû faire des sacrifices énormes. Puis nous sommes purs, très-purs. Chez nous, pas de compromissions équivoques, pas d'argent douteux. Je viens de refuser un commanditaire qui m'apportait cinquante mille francs, tout simplement parce qu'il a un oncle... (S'interrompant et d'un air sévère.) A propos, cher monsieur, j'espère que vous n'avez d'alliances avec aucun des camps ennemis de la politique du *Radeau de la Méduse*?... il me serait impossible d'entretenir des relations avec vous. J'en serais désespéré...

ARISTIDE LECAMUS.

Mon Dieu, monsieur, je dois vous avouer que mon frère...

ROBERT-MACAIRE, interrompant.

A la bonne heure! J'en étais sûr, je l'avais deviné rien qu'à vous voir. Vous êtes pur de tout contact étranger à nos doctrines; tant mieux, cher monsieur, nous pourrons nous entendre.

ARISTIDE LECAMUS.

Je le souhaite ardemment, monsieur.

ROBERT-MACAIRE.

Ah! ce pauvre commanditaire, il faisait une drôle de mine quand j'ai dû l'éconduire.

Il s'était dit : En mettant cinquante mille francs dans ce diable de *Radeau de la Méduse*, je deviens un homme politique. J'ai un organe considérable à ma dévotion. Je me fais nommer député avant cinq ans, et d'ici deux ans je touche d'excellents dividendes. De plus, je publie tout ce que je veux et j'arrive bientôt à la réputation littéraire...

ARISTIDE LECAMUS.

C'est tentant, en effet, mais sans avoir les visées ambitieuses de l'infortuné capitaliste que vous avez dû éconduire, je ne vous cacherai pas que vous venez, à votre insu, de me suggérer une idée. Je suis jeune, actif, et je souffre d'être désœuvré. Si vous pouviez engager le directeur du *Radeau de la Méduse* à me recevoir, je serais heureux de mettre quelques fonds dans une affaire aussi avantageuse et qui me procurerait une occupation en rapport avec mes aptitudes.

ROBERT MACAIRE, se levant avec dignité.

Je transmettrai votre demande à M. Bertrand, directeur administrateur du *Radeau de la Méduse.* Croyez qu'il ne tiendra pas à moi qu'elle ne soit accueillie favorablement.

ARISTIDE LECAMUS, sortant.

Dès demain, monsieur, si vous voulez bien le permettre, je viendrai voir quelle a été la réponse de monsieur le directeur.

ROBERT MACAIRE.

Demain, hum! hum!... (Réfléchissant.) Eh bien! soit, demain... Je ferais l'impossible pour vous être agréable. (A voix basse.) Mais ce sera dur... très-dur. (Ils se saluent. Aristide sort.)

ROBERT MACAIRE, se frottant les mains.

Encore une mouche dans la toile!... Quelle aubaine!... Allons dîner maintenant. (A un rédacteur qui entre.) Mon cher ami, vous n'auriez pas vu Bertrand?... Entre nous j'aurais grand besoin de lui parler pour affaire... sérieuse. (Soupirant.) Ah! si nous avions un administrateur honnête!...

Cinquième Tableau

PREMIER GARÇON DE BUREAU, arrivant effaré.
(Bas à l'oreille de Robert Macaire.)

Monsieur Bertrand est chez le juge d'instruction... une chose très-grave, paraît-il.

ROBERT MACAIRE, souriant.

Mais non, mais non, père Courtois, rassurez-vous. Quelqu'article un peu vif.

GARÇON DE BUREAU.

On dit que la politique est étrangère...

ROBERT MACAIRE, fièrement.

Père Courtois, le *Radeau de la Méduse* est quelquefois pauvre, c'est vrai, mais il est toujours pur. (Il sort, et à part.) Courons au Palais-de-Justice. Il faut que je le tire encore de là, cet imbécile de Bertrand... Oh! mon Dieu, mon Dieu! Si nous avions donc un administrateur honnête! (La toile tombe.)

DEUX BOULEVARDIERS CONNUS

LE REPORTER GRAND GENRE

D'où qu'il sorte, il est laid; d'où qu'il vienne, il sourit d'un sourire fixe qui donne froid. Ses lèvres minces et arquées semblent toujours prêtes à siffler; ses yeux sont ternes et inanimés; il soigne sa barbe et sa chevelure, sa mise est recherchée, mais il aspire vainement à l'élégance. Son air distingué est factice; il est né commun, il n'est pas de race.

Vous l'avez vu partout : dans le boudoir d'une actrice, quêtant un petit scandale; à Versailles, se précipitant dans le gilet de messieurs les honorables, pour avoir des nouvelles qu'il vendra le soir à quatre journaux de nuances différentes; enfin au café riche ou du helder, rendez-vous des gens de son espèce.

En 1871, il servait à la fois les journaux de la commune et ceux de M. Thiers. De cette infamie, il se fait aujourd'hui un titre de gloire; il raconte à qui veut l'entendre les risques qu'il a courus, et de quelle diplomatie il a dû faire preuve pour puiser impunément, jusqu'au dernier jour, dans la caisse du *Mot d'ordre* et du *Figaro*, du *Cri du peuple* et du *Gaulois*.

Parmi les siens, — les reporters forment une tribu, — on l'aime peu, mais on compte avec lui; non qu'il soit dangereux ni fort : on le craint comme les voleurs craignent les femmes et les petits enfants. Il a dû faire admettre sa personnalité malsaine; il s'est glissé comme un courant d'air juif par la porte entr'ouverte, et, parasite tenace, une fois entré n'a plus lâché pied.

Cauteleux par nature, plus encore que par besoin ou par peur, il a dû flatter toutes les vanités, trop lourdement pour se faire prendre au sérieux, assez adroitement pour se faire écouter. Son système actuel a pourtant du succès, il est fort simple, et consiste à dire naïvement aux gens du mal, sans restriction, de tous ceux qu'ils peuvent envier, et un peu de bien des autres. Son industrie la plus féconde est le *scandale de circonstance*. Il en vit largement et n'en est pas plus fier. Un journal à gros numéro est-il à court de nouvelles à sensation ? Vite on frappe chez le reporter qui, en un rien de temps, a troussé une bonne petite infamie, qu'on lui paie fort cher, qui compromet, calomnie, déshonore, tue, peu importe ! Le lendemain, dès l'aube, l'abonné, ce complice inconscient de toutes ces hontes, se frottera les mains de satisfaction et déclarera, *urbi et orbi*, que son journal est décidément le plus spirituel et le mieux renseigné de Paris.

Quelques jours après, si l'innocente victime

atteinte par la fausse nouvelle a encore la force de crier, le reporter avoue ingénuement qu'il y a eu erreur, et qu'il est heureux de reconnaître et de déclarer bien haut que les héros ou héroïnes de son histoire sont les plus honorables gens du monde.

Ce n'est pas plus difficile que cela.

Et la justice? Le reporter est toujours à l'abri de la loi. S'il diffame et que le diffamé poursuive le journal, c'est le gérant, le malheureux homme de paille, qui est frappé.

Le reporter, lui, ne reçoit que des soufflets et des volées de bois vert; mais il y est fait, et ces corrections le touchent sans l'émouvoir.

Nous espérons qu'en révisant les lois sur la presse, nos légistes aviseront aux moyens de punir ces punaises du journalisme, ces condottieri de la plume.

LE REPORTER PETIT GENRE

C'est un bohême à l'absinthe, dont l'haleine est alcoolisée et le style panaché comme la boisson. Il n'a rien à lui : tout ce qu'il porte, tout ce qu'il boit, même tout ce qu'il écrit, lui vient des autres.

Il exploite tout ce qui est généreux ; il recherche les honnêtes gens, les belles âmes dont la confiance naturelle est pour lui plus facile à duper. Près d'eux il se pose en redresseur de mœurs, en victime de ses opinions, en héros de la misère, et les attendrit.

Arrogant avec les faibles et les pauvres, platement servile avec les puissants et les riches, il soutire des uns par son aplomb, des autres par son humilité, les verres d'absinthe quotidiens, et il lui faut cent fois plus d'intelligence et d'habileté qu'il lui en faudrait pour rester honnête homme et manger tous les jours.

C'est lui qui a déshonoré cette caste à part, hardie, intelligente, vivant heureuse et gaie, fière dans sa misère et son insouciance, — cette pléiade jadis tant aimée de la vraie bohême. Il a pris place dans ses rangs si facilement ouverts à tout ce qui pense et souffre; il a copié ses allures, volé ses idées, appris son langage jeune et enthousiaste, s'est donné partout pour un de ses enfants, et c'est en son nom que chaque jour il mendie un repas, un souper, une tasse de café.

On l'a vu passer ivre dans les rues, et l'on a dit : « la Bohême s'énivre; » on lui a prêté de l'argent et l'on a crié : « la Bohême ne rend jamais ce qu'elle emprunte; » on l'a entendu renier les bienfaits de la veille, mettre à l'encan sa plume et sa parole, vendre, pour aller boire, les billets de théâtre qu'il avait gratuitement reçus, tromper, duper tout le monde et partout... et l'on a condamné fatalement et sans rémission cette pauvre bohême dans le manteau de laquelle il se drapait !

Et personne n'a songé qu'il avait escroqué celui-là comme les autres, et personne n'a dévoilé ses honteuses turpitudes et ne lui a dit : « Va, bois, mon bonhomme, divague spirituellement sur la vertu de ta mère et de ta sœur, bats les murailles, imite les télégraphes avec tes bras, tes jambes et tes moustaches, sois le bouffon d'une galerie de journalistes en disponibilité et de cabotins sur le pavé, emprunte au garçon de café la pipe publique, laisse-toi tutoyer par Machenski, fais razzia des allumettes et des morceaux de sucre oubliés sur les tables... Faux Don Juan près des femmes, faux don César de Bazan près des hommes, mets en haillons ton cœur, ton esprit, ton honneur pour en laisser un lambeau à chaque chiffonnier, à chaque tas d'immondices ; puis, à ton tour, saisissant la lanterne, va nocturnement interroger les détritus que chacun a fait jeter devant sa porte. Tu y liras l'histoire de sa vie privée, chaque débris te parlera de son intérieur. Dès lors, tu sauras ce que fait ton homme, celui que tu comptes exploiter demain ; si sa table se couvre de primeurs ou de mets modestes, s'il est enfin riche ou pauvre. Cela vaut mieux, crois-moi, et cela est plus facile que de le voir face à face et de lire son âme dans ses yeux.

Mais surtout ne sois pas un honnête homme, allant droit chemin, le front haut, le cœur pur. Allons donc ! suis ton siècle. Cela n'est ni difficile, ni dur : il va si lentement !

Prends les sentiers de traverse. Ils sont tortueux, pleins d'ornières et de boue ; la ronce les obstrue, mais ils conduisent plus vite et plus sûrement au but ceux qui ne craignent pas d'arriver crottés !

LE PETIT JOLICARPE

Nommons-le tout de suite le petit Jolicarpe, pour lui donner une étiquette. Né dans un sale bourg du Midi, au sein de la misère et de la juiverie, ce qui explique sa rapacité, il se livrait à huit ans à toutes sortes de trafics sur les billes et les joujoux, et carottait déjà ses petits compagnons à l'école. Vers seize ans, à la suite d'une escapade qui lui avait valu des remontrances ornées de gestes vifs et animés, il se sauva vers la ville prochaine, et parvint, on ne sait comment, à manier l'étrille, puis le plumeau, dans une auberge d'où un voyageur, en revenant de Luchon, le ramena un jour à Paris.

Là, au bout de six mois, notre homme n'avait appris qu'une chose, mais il la savait bien ! C'est qu'à Paris on arrive à tout par les femmes ; et, de ce principe, il appliqua les conséquences. Son nez busqué, ses cheveux noirs un peu crépus, son teint bistré, son impudence méridionale n'ayant point tardé à fixer les regards d'une phryné du quartier qui, probablement, avait besoin d'un frère d'occasion pour se donner de la tenue, le pacte fut vite signé ; et une fois habillé à la dernière mode, Jolicarpe s'initia promptement aux devoirs de sa charge. Dès lors, on le vit successivement en contact avec toutes les classes sociales. Il est vrai que ses intérêts personnels le portaient plus volontiers vers le monde interlope, composé d'hommes à l'existence problématique, qui sont à l'art, au théâtre, à la presse, comme aux dormeurs les intéressants hémiptères dont la poudre Vicat fait des hécatombes. Aussi, après s'être le soir trouvé en société de fils de famille, au café Riche, Adolphe déjeunait le lendemain avec des claqueurs et des négociants en contre-marques, dans quelque caboulot de la rue de Bondy. Ce fut même un romain célèbre, au temps où florissait Marc Fournier, qui suggéra l'idée à notre homme de créer, à l'aide d'un emprunt opéré par sa respectable associée, une feuille soi-disant dramatique, au moyen de laquelle elle-même s'imposerait à quelque théâtre de deuxième ordre, et lui, gérant, battrait monnaie.

Ce conseil fut un trait de lumière. Un mois plus tard, grâce à la niaiserie d'un *gommeux* aussi sot que riche, ce projet se réalisait, et bientôt la **Ronce dramatique** voyait le jour. Le titre était heureusement choisi : un arbuste épineux et rampant, auquel les brebis laissent une partie de leur toison, caractérisait à merveille le but et la haute moralité d'une semblable publication. Naturellement, les premiers numéros se tirèrent à grand nombre. Les coulisses de tous les théâtres, les domiciles de tous les artistes en furent infestés ; si bien qu'à force de rencontrer partout ce morceau de papier, quelques cabotins sans expérience s'imaginèrent qu'il était lu, et lui supposèrent de l'influence. Dès que Jolicarpe s'aperçut que cet effet commençait à se produire, il dressa, avec l'aide du sus-dit chef de claque, la liste du personnel de tous les théâtres (à l'exception des scènes de premier ordre qui ont toujours été exclusivement exploitées par le *Proxénète*), se fit donner les adresses par les secrétaires, et s'enquit, avec un intérêt de limier de police, du nom et de la fortune du ou des protecteurs des ballérines et des chanteuses. Sur ces données, les batteries furent dressées, et voici comment on procéda :

Au jour dit, des acolytes du journal *la Ronce dramatique* se présentaient chez toutes les femmes richement entretenues, ou chez celles qui, plus honnêtes, étaient aussi plus faciles à intimider, et là, la quittance sur la gorge, ils les priaient de s'abonner « pour encourager les efforts d'un organe consacré à défendre les intérêts de l'art et des artistes. »

C'est la formule habituelle de ces sortes de feuilles.

Les unes, à qui l'argent coûte peu, souscrivaient; les autres, forcées de compter avec leurs besoins ou la modicité de leurs ressources, promettaient de s'abonner plus tard; quelques-unes, comprenant le manége, refusaient tout net.

Alors était dressée, dans le bureau de rédaction, une singulière pancarte, où figurait, à côté de chaque nom, un signe particulier : il y en avait quatre. L'un voulait dire *silence*, le second *espoir*, le troisième *éloge*, le quatrième *éreintement*. Chaque degré répondait à la situation financière de l'artiste vis-à-vis du journal; et tout rédacteur, avant de prendre la plume, était tenu de consulter cette cartabelle et de s'y conformer.

Ce mécanisme, on le voit, était des plus simples.

Puis, de temps en temps, on se représentait, la quittance à la main, pour en étudier l'effet. Les hommes résistaient assez, mais dix lignes comminatoires suffisaient pour intimider les femmes, qui finissaient pas céder. Du reste, les formules variaient selon qu'on espérait ou non décrocher l'abonnement. Un collaborateur de la *Ronce,* (nous avons toutes les peines du monde à taire le nom de ce triste personnage, aujourd'hui vaudevilliste arrivé) forcé un jour de parler d'une débutante qui avait promis deux cents francs sans les donner, dit, à la fin du compte-rendu : « Mademoiselle X*** peut avoir des qualités comme artiste, mais elle nous a semblé *manquer de mémoire.* »

Joli mot pour un drôle !

La Ronce dramatique, ainsi que ses congénères, végète maintenant, grâce à la concurrence absorbante des grandes feuilles en vogue.

Jolicarpe, qui sait se retourner, et qui

n'aime pas la lutte du pot de terre contre le pot de fer, s'est rallié au pot de fer.

Il continue son petit métier en donnant des nouvelles de théâtre aux feuilletonnistes des journaux galants... et au bureau des mœurs.

Comme il est d'un entretien fort coûteux, les femmes le lâchent vite. Dernièrement, en plein café, il se plaignait cyniquement de ne plus trouver, comme sous l'empire, des femmes qui se laissassent rosser et consentissent à l'entretenir.

Et voilà un monsieur qu'on salue et que l'on sollicite !

L'APPARTEMENT DU VIEUX SATYRIASIS

Vous le connaissez tous, car depuis plus de vingt ans, de quatre heures de l'après-midi à une heure du matin, il promène son large abdomen sur l'asphalte des boulevards. Été comme hiver il est à son poste, le pince-nez sur des petits yeux humides de luxure, les favoris bien frisés, deux mèches habilement ramenées sur les tempes. Il est étincelant d'or et de pierreries et ressemblerait à un marchand d'orvietan, n'était son incontestable distinction. C'est à cela évidemment qu'il doit les innombrables victimes qu'il fait encore à son âge. Oh! par exemple, il ne faut pas lui parler d'autre chose que de femmes. Les femmes, pour lui *il n'y a que ça*, comme chantait Dupuis. Et sa plus grande joie est d'obtenir leurs faveurs sans bourse délier. Il est riche, pourtant, et seul au monde, mais il a toujours eu pour principe « d'être aimé pour lui-même. » Lui faire observer qu'il dupe tout simplement ses soi-disant conquêtes, c'est le mettre dans une indescriptible fureur.

Rien de plus curieux et de plus attristant à visiter que l'appartement de cet inutile. L'envie m'en prit un jour. En entrant, une odeur acre et fétide me saisit à la gorge, et je vis un spectacle écœurant.

Des meubles vermoulus et suintant la débauche, des gravures obscènes grossièrement enluminées, un chaos indescriptible, et, au fond de l'alcôve, une glace, témoin accusateur de ses désordres.

Je me crus dans un mauvais lieu.

On sentait qu'aucune idée généreuse n'avait passé dans cette chambre, qu'aucun élan du cœur n'avait battu sous ces rideaux.

Toutes ces choses criaient : luxure ! et semblaient prêtes à raconter des œuvres sans nom... C'était la sombre et glaciale image de l'égoïsme et des voluptés séniles.

Dans un petit cabinet, j'aperçus un énorme carton semblable à ceux où les peintres mettent leurs esquisses, et, au-dessus, une petite bibliothèque surchargée de volumes à la tournure honteuses. Je fus curieux de connaître le goût artistique et littéraire du sire.

Le carton était plein de ces lithographies infâmes que l'on rencontre quelquefois dans l'arrière-boutique de certains libraires, feuillets détachés des romans érotiques du XVIIIe siècle. Il y avait là des scènes de débauche qu'une plume honnête ne peut retracer, et cette suite de dessins, livre d'or de la prostitution, ou Jules Romain déshonora son génie : galerie immonde digne de caprée et des lupanars antiques.

Sur les rayons de la bibliothèque étaient

rangés effrontement ces livres que les filles des rues ne lisent qu'en se cachant :

Thérèse Philosophe. — L'ode à priape. — Les mémoires d'une danseuse. — Le sopha. — Le chevalier de Faublas. — Les bijoux indiscrets. — Gamiani. — Les liaisons dangereuses. — L'examen de Clara. — Le théâtre égrillard, et la trop fameuse *Justine,* du marquis de Sade, ce livre horrible dont il ne reste plus heureusement que cinq ou six exemplaires et qu'on a surnommé : Le *cantique des cantiques de la crapule.*

Sur la première page de cette œuvre de boue était écrite, d'une main tremblante et déjà glacée par la mort, cette mention cynique :
— Acheté 1,500 francs à la vente de feu B***.

Et cet être abject avait osé signer du nom de on père !...

Ainsi, cet homme avait soixante-dix ans ; chaque jour il descendait d'un pas vers la tombe ; la mort attendait sa proie ; et au lieu de songer aux choses austères de la vie, de racheter, en faisant du bien, sa jeunesse flétrie et ses jours écoulés dans les joies de la chair, il ravivait avec ces dessins et ces livres les cendres éteintes de son imagination !... Et il était mort parmi ces infamies et ses yeux voilés par l'agonie s'étaient reposés dans un dernier effort sur ces lascivités !

Je m'enfuis épouvanté sans pouvoir trouver une parole, et depuis je me suis abstenu de saluer le vieux Satyriasis.

LE MUSÉE DU LOUVRE

Dans ce Paris, où tout se presse et se pousse, où la faim hurle à côté de la débauche qui chante ; où l'on coudoie, à chaque pas, un vice, une orgie, une misère ; au milieu de ce choc incessant d'intérêts et d'ambitions contraires, il est des retraites aimées du penseur, tours d'ivoires des poëtes, où l'on oublie les bruits de la terre et les stériles agitations du jour.

Le Louvre, avec ses vastes salles, ses hautes cheminées, ses plafonds aux riches caissons, et ses parquets sonores, offre, pendant la semaine, un asile inviolé contre les importunités de la foule. La galerie des antiques, aux blanches perspectives et aux enfoncements obscurs, est le rendez-vous préféré de tous les amants de la beauté plastique. Là, se réfugient les cœurs blessés, les esprits que le bruit froisse, les âmes inquiètes de l'idéal. Là, parmi les blancheurs du Paros et les splendeurs de l'art, errent silencieusement, comme des ombres passives, les artistes au front soucieux, aux yeux baignés de rayons.

Que de fois j'ai promené mes pas solitaires autour de ces statues, où le marbre chante un hymme à l'éternelle beauté! Que d'heures délicieuses et trop vite envolées, j'ai passées devant ces chefs-d'œuvre, oubliant les misères humaines et nos mesquines rivalités! J'admirais sur son lit de marbre cette statue énigmatique, étrange composé de deux corps fondus dans l'eau de la fontaine, sous les baisers de la nymphe Salmacis!

Je contemplais avec ivresse cette incomparable Vénus aux contours ondoyants. Je suivais de l'œil le rhythme de ces lignes qui s'enlacent amoureusement, et je répétais ravi ces beaux vers de Théophile Gautier :

> Oh ! quelles ravissantes choses,
> Dans sa divine nudité,
> Avec les strophes de sa pose
> Chantait cet hymne de beauté.
> Comme les flots baisant le sable,
> Sous la lune aux tremblants rayons,
> Sa grâce était intarissable
> En molles ondulations.

Naguère, en traversant cette avenue de merveilles, j'aperçus, devant la statue du gladiateur antique, un homme bien connu, un des plus hauts fonctionnaires de l'Ordre moral, grand vieillard chauve, aux genoux cagneux, aux lèvres lippues. Il ne regardait point le sublime chef-d'œuvre, et son œil hébété semblait attendre quelque chose. Sans doute, il était là depuis longtemps, car des signes fréquents d'impatience contractaient visiblement le bas de son visage. Je devinai quelque turpitude, et résolu d'approfondir ce mystère, j'examinai avec affectation les veines roses d'un marbre de Syène, tout en suivant de l'œil ses moindres mouvements.

Au bout de quelques instants, un éclair de satisfaction brilla dans son regard. Un bruit de pas se faisait entendre à l'autre extrémité de la galerie. Une belle enfant de seize ans s'avançait au bras d'un étranger, et elle marchait avec candeur au milieu de ces nudités masculines. Quand elle fut arrivée devant le gladiateur, une vive rougeur colora son visage.

La charmante jeune fille avait senti peser sur elle le sourire obscène de l'immonde vieillard. Elle se détourna avec un geste de dégoût et son cœur virginal, comme une colombe palpitante, souleva son corsage.

J'avais deviné : Cet homme si respectable, ce soutien du trône et de l'autel, était là pour épier dans le regard des femmes un éclair impudique, et il faisait sa pâture de leurs chastes rougeurs !

L'indignation m'étouffait. Je m'élançai

hors du musée; je n'y suis point retourné.

Comme ces amants qui aiment mieux leur maîtresse morte que profanée, j'ai dit adieu au ravissement de mes yeux, à la joie de mon esprit.

Et quand je rencontre l'infâme qui vit heureux et honoré, il me prend envie de lui jeter comme imprécation ces paroles :

Souviens-toi de la jeune fille et du gladiateur antique !

Hélas ! cet homme n'est pas une exception.

Il en est d'autres qui joignent au regard cynique le geste et la parole obscènes.

. . . .

Décidément les forçats ont du bon.

LA
MORALE DU BOULEVARD

LA
MORALE DU BOULEVARD

J'allais il y a quelques jours à Versailles. Je monte dans un compartiment de première classe, et je m'assieds en face d'un vénérable monsieur fort correctement mis, au crâne dénudé, à la barbe blanche. Une vraie tête sénatoriale.

— Eh! mais, exclama-t-il bientôt en me tendant les mains, vous êtes bien M. Alfred Sirven... que je suis heureux de vous revoir!

— Pardon, Monsieur, mais en ce moment ni ma vue ni ma mémoire ne me servent. A qui ai-je l'honneur de parler ?

— Ah! je comprends... c'est que je ne suis plus le même! souvenez-vous de Sainte Pélagie...

— Quoi ! un compagnon d'infortune, un ancien détenu politique ?

— Pas précisément...

Et, se penchant à mon oreille, il ajouta :

— Je suis Xavier, votre *auxiliaire*... mais ceci est entre nous.

Instinctivement je me reculai et j'enfonçai mes mains dans mes poches, car ce personnage n'était autre qu'un assassin, retiré du bagne pour services rendus à l'administration, et placé à la prison de la rue de la Clé pour servir et espionner les prisonniers politiques.

— Ah ! ah ! fis-je en regardant autour de moi, et vous habitez Paris ?

— Non, certes. Tout près de Versailles. J'ai là une charmante propriété où vous serez admirablement reçu si vous voulez bien m'y venir voir.

— Merci. Vous êtes donc riche ?

— Hum ! hum ! j'ai gagné quelques sous pendant la guerre. J'étais associé avec un fournisseur de chaussures, un entrepreneur de travaux de prison. Je ne suis pas ce qu'on peut appeler riche, mais j'ai de quoi vivre *honorablement, sans travailler...*

Ce dernier mot me fit frissonner. Il poursuivit, en élevant la voix :

— Je fais le plus de bien que je peux; aussi je jouis de l'estime publique. C'est tout ce que j'ambitionnais.

Le train s'arrêta. Mon homme partit sans m'attendre, délicatesse dont je lui sus gré.

— Excusez, Monsieur, me demanda alors mon voisin de droite, quel est cet honnête homme avec qui vous causiez ?

— Un ancien fonctionnaire de l'Empire.

— C'est bien cela, je ne m'étais pas trompé.

*
* *

Hier, un fringant brasseur d'affaires bien connu, surtout à la petite bourse, vient à moi et me tend la main.

— Il y a longtemps, lui dis-je, qu'on ne

vous a vu sur le boulevard, vous un assidu...

— Oh! j'ai fui Paris pour la Suisse... je hais les expositions...

Un ami bas à mon oreille :

— Méfiez-vous! il sort de Mazas.

Ces choses-là arrivent journellement.

.˙.

— Quel est donc ce monsieur qui me salue d'une façon si intime? je ne crois pas le connaître.

— Mais vous lui rendez son salut.

— Question de politesse.

— Eh bien! ce monsieur n'est qu'un vulgaire chevalier d'industrie. Le provincial qu'il pilote est sa victime d'aujourd'hui. Il cherche à l'éblouir par les coups de chapeau et les sourires qu'il distribue sans compter, à droite et à gauche, et toujours à des personnages dont il se dit l'ami.

Ce soir, le provincial, qui est venu à Paris pour solliciter un poste, prêtera cinq cents francs au sire en échange de sa protection.

*
* *

— Vous saluez Alphonse ! vous ignorez donc l'origine de sa fortune ?

— Non. Je sais tout ce qu'on dit... mais c'est peut-être un peu exagéré... et puis, entre nous, sa femme a des façons si séduisantes pour attirer et retenir son monde...

— Qu'Alphonse est bientôt oublié, n'est-ce pas ?

*
* *

— Z*** un pseudo-poëte, a épousé une ancienne commerçante en chlysophones, plus âgée que lui de vingt-cinq ans au moins, mais qui lui a reconnu une dot fort rondelette, plusieurs centaines de mille francs, assure-t-on.

— Et les gens de lettres continuent à voir ce personnage ?

— Ils commencent à le voir. C'est à qui sollicitera l'honneur d'être admis dans ses salons et surtout à sa table, — une table princière, s'il vous plaît.

— Oh ! comme les bons dîners rendent indulgent !

* * *

On parle de la confraternité littéraire, écoutez :

— Comment trouvez-vous le nouvel ouvrage d'Adolphe ?

— Superbe, lisez plutôt mon compte-rendu de ce matin.

— Oui, mais est-ce votre conviction ?

— Oh ! pouvez-vous le supposer ? Voyez-vous, ce qui m'horripile, c'est d'être forcé de dire du bien d'Adolphe, alors que je pense de lui tant de mal ! Pas une idée et un style d'auvergnat. Et puis...

— Quoi donc encore ?

— Il n'est même pas l'auteur de cette insanité. Je vous en parle savamment, moi son meilleur ami. Sa fortune lui permet d'employer trois ou quatre secrétaires, des parias de lettres qui lui font toute la besogne.

— Pourtant il n'est pas sans quelque mérite ; on lui ouvre toutes les portes, plusieurs feuilles publient en même temps ses romans.

— Eh ! grâce à sa fille qu'il jette dans les jambes des éditeurs et directeurs de journaux. Elle est, du reste, aussi habile que jolie, la petite, et ne sort jamais d'une rédaction sans emporter un traité pour papa.

Et c'est un ami qui parle ainsi. Jugez des autres !

*
* *

— Vous fréquentez assidûment la maison d'Auguste, est-ce que sa femme est jolie ?

— Elle a le charme de la parisienne : minois chiffonné, un pied de bébé et des yeux qui bavardent, bavardent...

— Et avec ça de la vertu ?

— Heu ! heu !

— Vraiment ?

— Oh ! Dieu me garde d'insinuer, mais... enfin ! puisqu'Auguste ne s'en doute pas...

— Vous sauriez?... peut-être que vous même... Ah ! mon gaillard...

— Moi? jamais!... si j'avais voulu, je ne dis pas... mais, vous comprenez, Auguste est mon ami...

Et l'on se retire avec la conviction que Madame est une femme légère, et que les amis de son mari sont aussi les siens.

Ce n'est pas plus difficile que ça de déshonorer une femme et de ridiculiser un honnête homme!

*
* *

Les salons littéraires, artistiques et dansants de madame Bonassieu, sont encombrés.

Le monde qu'elle reçoit est malheureusement trop mêlé.

Je lui en faisais un jour l'observation, et je lui désignais les gens tarés qu'elle admettait, même à sa table.

— Que voulez-vous! dit-elle, on ne peut pourtant pas aller consulter à la préfecture de police le dossier de chaque invité.

— C'est fort juste. Cependant lorsqu'il est de notoriété publique que monsieur un tel est un coquin, que madame une telle est une pas grand'chose; que celui-ci s'est enrichi en frustrant six fois ses créanciers ; que cet autre vit avec la femme de son associé, après avoir ruiné ce dernier et l'avoir poussé au suicide...

— Eh ! qu'est-ce qui prouve tout cela ? on le dit... y a-t-il eu condamnation ?

— Non, mais aux yeux des honnêtes gens c'est exactement la même chose...

— Si l'on raisonnait ainsi, on ne recevrait plus personne.

Maintenant, quand je vais chez madame Bonassieu, j'ai soin d'oublier sur ma cheminée ma montre et mon porte-monnaie.

*
* *

Un autre salon, celui de madame de Vattenville, est fort connu du Paris bohême. Cette honorable personne dépense sans sourciller ses vingt mille livres de rente en six mois et vit d'expédients le reste de l'année. Elle donne des dîners et des soirées et ne paie pas ses fournisseurs, qui souvent, las d'attendre, viennent lui faire des scènes déplorables.

Tout cela est, du reste, fort ordinaire à Paris.

Un soir, on était au salon. Un bruit de voix fortes se fait entendre de l'antichambre. Les assistans n'y prennent garde, mais la maîtresse de céans sort légèrement émue. Elle revient quelques instants après, et s'approchant d'un vieil employé des Beaux-Arts :

— Dans le bonheur, lui dit-elle doucement, il ne faut pas oublier ceux qui souffrent, les pauvres honteux. Il y en a un là, dans l'antichambre, donnez-moi vingt francs pour lui...

— Toujours pleine de cœur!... soupira le chef de bureau en remettant discrètement son louis.

Or, ce soi-disant infortuné, n'était autre

qu'un épicier qui menaçait de faire irruption dans le salon, si on ne lui donnait pas un à-compte.

*
* *

Nous connaissons un employé supérieur d'une grande administration qui a trouvé le moyen de tripler ses appointements, déjà fort rondelets. Il entre dans ses fonctions de recevoir les nombreux fournisseurs de la maison et de vérifier leurs mémoires. Sans son visa, point d'argent.

Or, le sire cumule. Il est représentant d'un cru célèbre de Bourgogne.

— Votre note est diantrement chargée, dit-il au fournisseur. Il y a de notables réductions à opérer. Je vais examiner cela. A huitaine.

— Diable! j'ai une forte échéance cette fin de mois. Voyons, soyez gentil.

— A propos, avez-vous besoin d'une pièce d'excellent Corton? j'ai votre affaire, goûtez-moi ça.

Et il tire de son bureau une petite bouteille d'échantillon.

— Délicieux ! parfait ! s'écrie le malin fournisseur en faisant claquer sa langue. Et combien ?

— Une bagatelle, quatre cents francs à quatre-vingt-dix jours.

— C'est entendu, faites expédier.

— Allons, pour cette fois j'ai pitié de vous ; voici votre compte d'apothicaire visé, passez à la caisse.

Un journal a constaté récemment qu'il y avait, dans cette administration charitable, soixante-quinze pour cent de frais. Avec de tels contrôleurs, ce n'est point surprenant.

*
* *

Un *gros bonnet* de la rue du sentier avait pour maîtresse la plus jolie et la plus honnête fille de ses ateliers.

De goûts modestes et laborieuse par nature, son entretien n'était pas ruineux ; néanmoins, après deux années de relations suivies, l'ouvrière eut le sort de tant d'autres, elle fut abandonnée.

— Pourquoi avez-vous *lâché* cette pauvre Anna, une bonne fille et qui paraissait vous être sérieusement attachée ?

— Précisément, elle avait trop de cœur... elle m'embêtait, et puis elle était enceinte.

— Dans ce cas vous avez mal agi en la quittant.

— Du tout, du tout... vous comprenez... dans ma position, un enfant... c'est gênant... il ne faut pas se compromettre.

Anna est allée bravement accoucher à l'hôpital. Elle a gardé son enfant, et travaille quinze heures par jour au lieu de douze.

*
* *

Il y a certainement des gens pleins de cœur, pleins de délicatesse, parmi les industriels. La majorité se compose d'hommes honorables, donnant l'exemple des vertus domestiques ; mais on compte de fâcheuses exceptions, et un seul mauvais patron, tel que le millionnaire ventripotent Midas, fait plus de mal que dix bons chefs d'atelier ne sauraient faire de bien.

On inflige une amende au père ; on réduit le salaire de la fille ; on trouve que la mère arrive trop tard à l'atelier. Un beau jour la famille est sans ouvrage. Que faire ? aller ailleurs ? mais ailleurs ce serait la même chose, et il n'y a pas toujours de places vacantes.

— Allons, dit la fille, je vais voir le patron ; je tâcherai d'obtenir qu'il nous garde.

Le père voudrait bien dire : « n'y va pas. » Mais il regarde autour de lui, — plus de pain !... Un petit pleure dans son berceau, un autre se roule par terre, insouciant comme on l'est à son âge. Mais tout à l'heure il pleurera en criant : j'ai faim !

Le père reste muet, la mère sanglote...

— Allons ! va...

Et la fille part. Elle a seize ans... elle obtient la grâce de la famille.

L'ouvrage ne manque plus. On vit !

※※

Outre les charges qui incombent aux servantes et aux employées dans certaines classes de la société, elles paient encore à leur patron ou à leur maître *l'impôt du corps.* Cette souillure imposée au foyer domestique par celui-là même qui est chargé d'en perpétuer, d'en protéger, d'en sauvegarder la dignité, nous semble plus particulièrement odieuse. On ne peut se dissimuler malheureusement qu'elle ne soit fréquente.

L'observateur attentif et perspicace peut, sans grande peine et sans grands efforts d'esprit, compter autour de lui les maisons où cette plaie ne se montre pas, où cette lèpre ne flétrit pas la sainte auréole de la famille.

On nous cite, parmi des milliers d'exemples, un ancien préfet du 16 mai, appelé depuis à d'autres fonctions. Ce personnage, qui jouit dans son parti d'une immense considération, n'admet, paraît-il, chez lui, comme femmes de chambre, que de jeunes et jolis tendrons de seize à dix-huit printemps, n'ayant jamais servi, sortant de leur famille.

Le sire se montre terriblement sévère sur leurs antécédents, qui doivent être immaculés. Du reste, les prêtres et les bonnes sœurs se chargent habituellement de pourvoir sa maison. On sait que les sœurs tiennent maintenant à Paris des bureaux de placement.

Mais voyez le guignon! les bonnes ne séjournent jamais longtemps chez ce maître pourtant si riche, si bon, si charitable, si parfait. Elles sont bientôt chassées comme des voleuses ou des drôlesses, et Saint-Lazare les attend si elles ont l'effronterie de calomnier leur maître.

Ce vieux fonctionnaire, voyez-vous, est un gastronome d'amour, il aime les primeurs; et quand il est repu, il jette les reliefs au fumier !

Interrogez ces malheureuses qui étalent le

soir, au coin des carrefours, leur misère et leur infamie.

Elles vous diront qui les a perdues, et sur cent séductions vous compterez avec effroi combien peu il y en a qu'on doive attribuer au jeune amour, au blond entraînement !

※

— En voilà bien d'une autre ! Vous aussi, M. Prudhomme, vous si collet monté, si pudibond, vous venez à l'Hôtel des Ventes acheter pour madame votre épouse le boudoir d'une cocotte ?

— Oh ! j'ai pensé qu'en y mettant des housses...

※

X*** le parent d'un ancien ministre de l'Empire, occupait en 1869 une très-belle situation dans un ministère. Il fut remplacé après le 4 septembre. En 1871 il va trouver M. Thiers pour lui demander un poste équivalent à celui qu'il avait perdu.

— Mais, objecte M. Thiers, vous étiez trop ouvertement dévoué au régime déchu pour servir mon gouvernement.

— Oh! rassurez-vous. J'appartiens à cette catégorie de bonapartistes qui sait se retourner quand il faut. Moi, je suis pressé. Mes amis, les d'Ornano, les Raoul Duval, les Léonce Dupont et tant d'autres viendront à vous. Question de temps.

— Eh bien, nous verrons plus tard.

— Je ne puis attendre. Tenez, M. le Président, jouons cartes sur table. En échange de la sinécure que j'ambitionne, la Direction de***, je vous remettrai le petit paquet de lettres que voici. Elles sont des plus compromettantes pour MM. A. B. C. et D., quatre hauts fonctionnaires de la République.

— Comment sont-elles en vos mains?

— Oh! par le plus grand des hasards, en compulsant des dossiers, après la Commune.

Huit jours après, notre homme voyait ses désirs réalisés.

Et il est encore en fonction, menaçant de publier d'autres lettres, si on le révoque.

∗ ∗ ∗

Un journal a inséré une lettre qui donne le *la* de la moralité politique que nous ont faite les vingt années d'Empire, les 16 et les 24 mai.

Un personnage influent cherche à sauver un fonctionnaire de ses amis, menacé de révocation. Voici la fin de cette édifiante épître :

« En somme, M. le Ministre, il n'a aucune signification de parti, je vous jure. C'est un garçon qui ne regarde que son intérêt immédiat, et qui est incapable d'une foi quelconque. Donc, ne tenez pas compte de ses antécédents. Il vous servira avec autant de zèle qu'il a servi les autres. »

Et ce monsieur, ainsi *recommandé*, est maintenu dans sa recette particulière.

∗ ∗ ∗

Un très-haut et très-vieux fonctionnaire

bonapartiste, émargeant encore au budget, a une maîtresse qu'il entretient en ladre, mais qu'il autorise à se rattrapper de la manière suivante : Sur la recommandation de la belle, Monsieur le Directeur fait entrer dans ses bureaux de nouveaux employés, après leur avoir fait subir un semblant d'examen.

Or, la sus-dite a vendu sa recommandation quinze cents ou deux mille francs, selon la place sollicitée : quinze cents francs pour le simple auxiliaire, deux mille francs pour l'expéditionnaire.

C'est au moyen de cet inqualifiable truc, que douze ou quinze jeunes gens sans instruction et sans intelligence, sont parvenus à se glisser dans une très-importante administration, et ce, au détriment de garçons instruits qui attendent, se découragent et se désespèrent !

*
* *

— Quel est le méfait de cet ouvrier que la police correctionnelle vient de condamner à six mois de prison ? Il fond en larmes et paraît digne d'intérêt.

— Sans travail depuis plusieurs jours et ayant épuisé ses ressources, il a dérobé chez un boulanger deux livres de pain pour apaiser ses pauvres petits enfants qui pleuraient la faim.

— Ainsi, voilà un homme, pur de tout antécédent fâcheux, et qui est perdu, déshonoré, pour quarante-cinq centimes !... Pourquoi donc n'a-t-on pas poursuivi tels et tels ministres, tels et tels administrateurs et présidents de Compagnies et de Sociétés ?

— Parce qu'ils ont volé des millions.

.[.].

Il est de par le monde des affaires, un homme, quelque ancien officier ministériel véreux, qui tient agence de *prêts faciles et considérables aux commerçants et industriels*. Or, voici le truc de ce Monsieur.

— Je suis tailleur établi, j'aurais besoin

de trente mille francs pour la fin du mois; pouvez-vous me les procurer, et à quelles conditions?

— Vous aurez cette somme dans huit jours, et je me contente de cinq pour cent.

— Quelle commission ?

— Oh ! trois pour cent, payables seulement après encaissement.

— Et d'avance ?

— Absolument rien.

— Monsieur, je vous tiens pour le plus honnête homme du monde. Donc, à huitaine.

— C'est entendu; mais il y a, au préalable, et dès ce jour même, une petite formalité à remplir, formalité *sine quâ non*.

— Parlez, j'ai en vous la plus entière confiance.

— Il faut vous faire assurer sur la vie, pour une somme égale à celle que vous devez emprunter. Votre assurance sera, vous le comprenez, la garantie du prêteur.

— Rien de plus juste.

— Vous aurez à payer une prime de quinze cents francs.

— Ce sera dur. Mais me garantissez-vous au moins que j'aurai, huit jours après, mes trente mille francs ?

— C'est comme si vous les teniez.

Et le tailleur part ravi. Il court chez lui réaliser, d'une façon ou d'une autre, les quinze cents francs indispensables, se rend à la compagnie désignée par l'agent d'affaires et se fait assurer.

Huit jours après, il revient chez son homme, qui prend un air soucieux.

— Les affaires vont mal... des bruits de guerre... la politique... les éventualités de 1880... la démission du Président de la République... bref il n'y a rien de désespéré, mais il faut un peu de patience.

La fin du mois arrive, et rien encore. Le tailleur commence à être édifié, ses yeux se dessillent. Il est bien temps ! Il parle fort, il tempête, et finalement saute à la gorge de l'agent d'affaires, qui le met à la porte avec l'aide de ses employés et de ses gens. Puis, plainte est portée au Parquet contre cette canaille de tailleur, qui est venu assaillir dans son domicile un homme si désintéressé, qui n'a accepté d'avance aucune commission, et qui, en somme, en est pour ses frais de déplacement et de timbres-poste. S'il n'a pu trouver les fonds pour le tailleur, ce n'est pas de sa faute, et il est forcé d'avouer que les renseignements pris sur ce commerçant étaient déplorables.

Et l'honorable agent d'affaires a palpé la moitié de la prime d'assurance, soit sept cent cinquante francs.

Mais il fait condamner celui qu'il a ainsi dévalisé, à huit jours de prison, cent francs d'amende et cinq cents francs de dommages-intérêts.

Et il sort du tribunal la tête haute, en distribuant des poignées de main à ses connaissances et à son défenseur.

Que faire contre des gredins de telle espèce? La loi est muette, ici comme ailleurs.

*
* *

Vous connaissez Ygrec, le banquier? Eh bien, entre autres marchés, il a conclu, dans sa vie, le suivant : Il a acheté à madame P... mère d'une de nos plus jolies actrices, la vertu de sa fille, moyennant cinquante mille francs *ferme*, et trois mille francs de rente viagère.

Ce qui va vous surprendre, c'est que loin de jeter un voile impénétrable sur cet odieux trafic, madame P*** l'a crié sur tous les toits, pendant plusieurs mois, fière qu'elle était, sans doute, d'avoir donné naissance à un objet si fort prisé.

Ceci me remet en mémoire la mère R***, s'exclamant un jour aux Folies-Dramatiques :

» Moi, quand ma fille danse et que j'en-
» tends dire à mes côtés : « — Je donnerais
» bien cinq cents francs pour obtenir un tête-
» à-tête avec cette femme-là... » — Eh bien !
» ça me flatte. »

Et dire que la loi n'atteint pas ces sortes d'opérations !

⁂

On s'étonne, avec juste raison, de l'étourdissante réussite du petit financier Rollet.

— Comment ! il y a peu d'années encore, il mangeait à un franc vingt-cinq centimes, rue de la Bourse, et mendiait journellement son absinthe et son café au Suède ou à Madrid... c'est donc un phénomène que ce gaillard là ?

— Pas le moins du monde. Intelligence médiocre et peu de savoir. Seulement il a eu la chance (aujourd'hui cela s'appelle de la chance !) d'être abouché avec un boursier détenu à Mazas. Il a plu à cet escroc, qui cherchait précisément un homme de paille pour fonder une maison d'agiotage. Grâce à des opérations dites *casse-cou*, les affaires ont prospéré, et le commanditaire, sorti de prison, est aujourd'hui l'associé anonyme du financier Rollet. Voilà le mystère.

— Il est incontestable que l'origine d'une fortune si rapide ne pouvait pas être propre.

*
* *

» Qu'on me fasse juger par mes collègues, s'écriait Mirès dans sa défense, et vous verrez s'ils oseront me condamner !... Mais, Messieurs de la Cour, ce que vous me reprochez, tous les banquiers, depuis Pereire jusqu'à Rothschild, le font journellement. Entravez à l'improviste leurs opérations, comme vous l'avez fait chez moi, et vous serez forcés de les conduire à Mazas. »

Et Mirès était dans le vrai; aussi, après un an de prison préventive, fut-il mis en liberté.

*
* *

Dernièrement un vol de titres fut commis, sous le péristyle de la Bourse, au préjudice d'un de nos amis. Celui-ci courut requérir l'assistance du commissaire de l'endroit pour arrêter le voleur.

— Impossible, Monsieur, répondit l'officier judiciaire, il nous est défendu d'opérer des arrestations dans l'intérieur du Palais.

— C'est trop fort! s'écria le volé qui n'en croyait pas ses oreilles, vous protégez donc les voleurs maintenant ?

— Que voulez-vous, Monsieur, la loi est là.

— Et elle est très-sensée, fit observer un assistant.

— Par exemple! interrompit notre ami suffoqué de colère.

— Eh! mon Dieu oui, car s'il en était autrement, la Préfecture de Police n'aurait pas assez de gardiens de la paix pour arrêter tous les voleurs qui sont ici.

*
**

Nous connaissons une grande maison de banque qui fait un *service* de titres ou d'argent à certains journalistes, toutes les fois qu'il s'agit de lancer une affaire tant soit peu véreuse. La maison en question a un livre spécial pour les largesses à octroyer les jours d'émissions nouvelles, tout comme les directeurs de théâtres pour les premières représentations.

Ceci explique comment le sieur de Présalé, rédacteur d'un journal réactionnaire, touche douze mille francs d'appointements et a dix mille francs de loyer.

Quelles tristes révélations sur les rapports du journalisme et de la finance nous pourrions faire, s'il nous était permis de copier quelques feuilles du registre de la maison de banque dont il s'agit!

.·.

Entre deux principaux personnages d'une Société financière :

— Notre caissier nous quitte, je l'ai remercié ce matin.

— Ah! et pourquoi?

— Ce n'était pas notre affaire... un homme de l'ancien régime : idées étroites, pas malléable, trop ligne droite...

— Je comprends, un imbécile. Et en avez-vous un autre en vue ?

— Une merveille.

— De bonnes références ?

— Je l'enlève à la maison Tricoche et Cie.

— Allons, vous êtes décidément le plus habile des administrateurs !

.˙.

Il existe à Paris une administration presque exclusivement composée de repris de justice. On la désigne ainsi : *La maison des chaussons de lisière.*

Naguère un individu d'assez mauvaise mine se présente au chef suprême pour solliciter un emploi.

— D'abord êtes-vous juif ?

— Oh ! oui, Monsieur.

— Parfait. Quelles sont vos références ?

De 1872 à 1875 j'ai servi comme aide comptable dans la célèbre maison Abraham

Tondeur ; puis un an au journal *la Pureté Financière*...

— Et d'où sortez-vous actuellement ?

— Hélas ! je n'ose avouer à Monsieur...

— Voyons, parlez ; je ne suis pas un ogre.

— Oh ! je sais bien que Monsieur est le meilleur et le plus honnête homme du monde... Il m'en coûte bien pourtant... enfin !... j'ai fait deux ans à Clairvaux...

— Juif et repris de justice ?... vous êtes des nôtres.

.·.

Un photographe de nos amis allait portraiturer, après décès, le frère d'un riche industriel fort connu dans le monde des arts. Quel est son étonnement en voyant la boutique ouverte comme d'habitude et le frère du défunt souriant aux chalands.

— Où est le mort, demanda le photographe, au cinquième étage, dans votre appartement?

— Dans l'arrière boutique. De cette façon, vous comprenez, ça ne gêne personne et je n'ai pas besoin de fermer.

Il n'y a que les enfants d'Israël pour avoir de ces cynismes !

*
* *

On m'a pourtant narré plus fort que ça.

Un autre industriel, ancien coiffeur en renom du quartier de la Banque, aujourd'hui retiré près de Meaux et maire de sa commune, attendait la mort de sa femme qu'on venait d'extrêmonctier.

C'était un samedi.

— Peste ! fit notre homme, il s'agirait pourtant de ne pas perdre la journée de demain. Un dimanche de moins c'est deux cents francs de moins dans ma caisse.

Et aussitôt une idée traversant son cerveau, il se pencha dans l'escalier en spirale conduisant de l'entresol dans la boutique, et appela sa plus jeune fille, une enfant de douze ans.

— Lucie !... prends du papier et écris les

adresses que je vais te dicter pour les lettres de faire part. Ce sera toujours ça de fait... nous pourrons travailler tranquillement demain.

Et l'agonisante était là, tout près de ce misérable !... Par un mouvement convulsif elle leva ses bras au ciel en murmurant :

— Oh ! mon Dieu ! ayez pitié de lui !

Et elle rendit le dernier soupir.

.*.

M. Mortifer est un médecin, reçu docteur par la grâce de Dieu et des femmes. Comme la plupart de ses collègues, il se soucie fort peu de faire progresser la science, et n'a jamais jeté les yeux sur un livre de médecine depuis sa sortie de l'école. Il *fait* la clientèle, diagnostique à tort et à travers, donne son avis sur les cas les plus graves avec cet aplomb qui caractérise l'ignare, traite d'ânes bâtés ses maîtres et n'oublie jamais d'écrire, toujours illisiblement, de longues ordonnances pour son associé le pharmacien.

Il y avait un jour dîner chez lui.

On sonne. Le bébé du cinquième étage se mourait.

— Répondez, dit le docteur, que je monterai dans un moment.

— Qu'a donc ce petit ange ? demanda une convive.

— Ma foi ! je l'ignore ; depuis quinze jours, je le traite pour ceci, pour cela, rien n'y fait. Les parents désolés voudraient que je fisse venir en consultation une célébrité. Je vous demande un peu, une célébrité !... je m'y suis opposé.

— Vous avez peut-être eu tort.

— Merci bien. *Je la connais celle-là*. Voici ce qui arriverait : mon illustre confrère se ferait payer fort cher sa consultation, séance tenante ; et comme les parents ne sont pas très-aisés, c'est moi, le médecin ordinaire, qui en supporterais les conséquences, on réduirait ma note ou on ne la paierait pas du tout.

*
* *

M. le docteur Placenta est fort recherché dans les salons des demi-mondaines. Il a pour spécialité les accouchements difficiles. Il donne aux dames que la stérilité chagrine ou que la fécondité désole, d'infaillibles et charmantes recettes ; enfin il possède des milliers de secrets pour conserver les charmes du sexe faible.

C'est une perle que le docteur Placenta ! Aussi les cadeaux pleuvent-ils chez lui.

Dernièrement il montrait avec une certaine ostentation une tabatière en or ciselé et à double fond. Un objet d'art très-*prisé* du XVIII° siècle.

— Il devrait bien la cacher, me dit une vieille dame en souriant sardoniquement.

— Pourquoi donc ?... un si beau bijou...

— Parce que cette tabatière est le prix d'un avortement.

*
* *

Une demi-douzaine de médecins-spécialistes, tous fruits secs, — ont formé entr'eux une association pour se passer les clients riches et les détrousser de la belle façon. Vous souffrez de la gorge, par exemple, et sur la foi des réclames vous courez chez le docteur Stultus. Celui-ci vous examine et déclare invariablement que le traitement sera long, fort long peut-être ; que ce mal, si simple en apparence, a des causes internes qu'il faut détruire avant tout.

— Pensez-vous, docteur, que la poitrine soit en danger?

— Eh! eh! Si vous aviez encore tardé à me venir voir... Enfin, bénissez la bonne fortune qui vous a fait sonner à ma porte. Je réponds de la guérison.

Au bout de quelques mois, lorsque la note est suffisamment élevée pour un misérable bobo, que trois jours de gargarisme à l'alun ou au chlorate de potasse auraient fait disparaître, le docteur découvre, après un diagnostic général, des maladies qui, si elles n'étaient prises à temps, deviendraient dangereuses.

Le patient a un écoulement d'oreille inquiétant, ou bien une affection du cuir chevelu qui amènerait une calvitie précoce, ou bien encore une lésion des membranes muqueuses qui pourrait bien dégénérer en cancer, etc., etc. Et il expédie le client soit chez son illustre confrère Asinus, soit chez le célèbre spécialistes Ignarus, — avec lesquels il partagera les honoraires.

Cette jolie bande de docteurs vient de se grossir d'un pharmacien et d'un dentiste.

Et dire que ce *vol à la science* se commet impunément, en plein jour, sous les yeux de la loi !

*
* *

L'un des médecins sus-dits, qui ne traite que l'obésité, la goutte, les rhumatismes, et qui est, à ce titre, fortement subventionné par les compagnies d'eaux minérales, — a dû sa renommée à un *truc* qui se recommande aux vaudevillistes. De une heure à cinq heures, ses salons se garnissaient de faux malades qui, lorsqu'il entrait un client sérieux, se mettaient à porter aux nues leur illustre sauveur.

— Oh! c'est bien grâce à lui que je suis encore de ce monde, soupirait béatement une vieille petite boulotte à la mine réjouie. Quand je pense que ces ânes de célébrités m'avaient condamnée!...

— Figurez-vous, disait un grand monsieur décoré, à l'allure martiale, que je ne marchais plus... une goutte sciatique des plus carabinées... résultat de la vie des camps... Enfin! J'avais consulté toute la Faculté. Ah! bien oui, les douleurs allaient augmentant. Mais depuis un mois que mes pauvres jambes sont entre les mains savantissimes de notre docteur, elles gigottent comme des petites folles.

Et ainsi de suite, chacun faisait le panégyrique du maître de céans.

Le client sérieux était édifié, entraîné, émerveillé, et il payait sans sourciller vingt francs sa consultation.

Quant aux faux malades, ils étaient loués par le malin spécialiste, à raison de un franc l'heure.

Quelle amusante comédie il y aurait à faire, sous ce titre: *Les figurants du docteur !*

*
* *

Un publiciste, que je voudrais pouvoir nommer, dans l'intérêt de ceux qui lui serrent journellement la main, avait vendu son dernier ouvrage à un éditeur du boulevard, qui lui avança deux cents francs en recevant le manuscrit.

— Voulez-vous un reçu?

— Inutile. Nous signerons le traité la semaine prochaine.

Deux jours après, l'auteur revient. La boutique du libraire était remplie de monde.

— Remettez-moi, je vous prie, mon manuscrit, dit-il à l'éditeur à voix basse et d'un air affairé, j'ai un excellent chapitre à y intercaler.

Il n'y avait pas de motif pour refuser.

Le commerçant n'a jamais revu ni l'auteur, ni le manuscrit... ni les deux cents francs, bien entendu.

*
* *

— Croyez-vous à la rigidité de principes d'Ernest ?

— Non certes, je le tiens au contraire, pour un charlatan politique.

— Dans ce cas, pourquoi votez-vous constamment pour lui ?

— Que voulez-vous que je vous dise !... dès qu'il ouvre la bouche, je suis subjugué.

— Ah ! cher ami, les beaux parleurs sont pour une large part dans notre décadence morale et politique ! L'avocasserie est l'une des grandes plaies de notre époque !

*
* *

Ne vous semble-t-il pas monstrueux qu'un prévenu doive sa condamnation ou son acquittement au degré de talent oratoire de son défenseur, et n'estimez-vous pas comme moi qu'il ne devrait y avoir au Palais que des légistes et non des phraseurs ?

Ce serait la justice. Ce serait la morale.

— Pourquoi avez-vous été condamné ? demandais-je un jour, à Sainte-Pélagie, à un éditeur de musique.

— Oh ! pour une misère... Quelques erreurs dans mes livres... Tenez, monsieur, si j'avais eu alors les moyens de donner deux mille francs à M⁰ Lachaud, je ne serais pas ici, tandis que je suis allé m'adresser à l'un de ces petits avocassiers qui encombrent la salle des pas perdus. Je n'ai dépensé que cinquante francs, il est vrai, mais j'ai eu trois ans de prison. Voyez-vous, on en a toujours pour son argent.

*
* *

— Je ne m'attache qu'à une chose quand je plaide, nous disait un grand avocat criminaliste, c'est à attendrir le jury. Lorsque je vois ces braves gens pleurer, je me dis : la cause est gagnée. Et si mes efforts oratoires sont vains, ce qui est sans vanité assez rare, je m'ingénie alors à trouver un biais pour renvoyer l'affaire à la session suivante.

*
* *

Maître Loquax est fort connu au Palais pour l'élasticité de ses principes. Comme de certains prêtres, on dit de lui qu'il a la manche large.

Et avec ça d'une rapacité !...

Dans une récente affaire en séparation, qui a fort ému le noble faubourg, il plaidait pour la dame, tout en étant, — détail connu depuis, — dans de fort bons termes avec le mari.

C'est à cette considération, ajoutent les langues charitables, que la dame dût de perdre son procès.

Maître Loquax envoya sa note quelques jours après, une note roide. Et comme le montant n'arrivait pas, il sonna un beau matin à l'hôtel de sa cliente.

— Vous voyez, mon cher défenseur, que je ne vous oublie pas, dit-elle, en retirant d'une petite boîte japonaise une délicieuse bourse aux initiales de maître Loquax. Permettez-moi de vous offrir ce petit témoignage de ma gratitude. Je l'ai brodée moi-même.

L'avocat s'inclina en ébauchant un sourire forcé.

— Merci de l'intention, madame, fit-il d'un air embarrassé, mais... vous avez dû recevoir ma note... C'est six mille francs.

— Oh! vous avez raison de me le rappeler.

Et ouvrant flegmatiquement la bourse, la dame en retira une liasse de bank-notes. Elle prit six billets de mille francs, et les tendant à maître Loquax :

— Voilà, cher monsieur, le montant de votre *facture*.

On dit que le mari de la dame a amplement dédommagé le trop peu courtois avocat.

*
* *

— Le poste que vous désiriez est donné.

— Au Juif Hartz, je gage.

— Précisément.

— C'est toujours ainsi. Quand il y a un enfant d'Israël dans une compétition, soyez sûr qu'il l'emportera.

— Dame! cela prouve que ces gens-là se remuent plus que les autres, qu'ils sont plus intelligents.

— Cela prouve qu'ils sont plus courtisans et que les rebuffades ne les touchent guère. Hartz a mis un an pour arriver à son but. Chaque matin il courait, tantôt chez un député, tantôt chez un sénateur, aujourd'hui chez un personnage républicain, demain chez un bonapartiste. Tous les partis l'ont recommandé au ministre. La semaine dernière je le rencontrai dans l'escalier d'un de mes amis, conseiller d'État fort bien en cour. Nous sonnons en même temps. Le domestique nous apprend que son maître est indisposé et qu'il ne peut nous recevoir. Je m'en retourne chez moi comme vous l'auriez fait. Vous croyez peut-être que le juif m'a imité ?... Il a insisté, protestant une affaire des plus urgentes. Bref, il a été introduit, après trois heures d'antichambre, et il est parvenu à entraîner place Beauvau l'infortuné conseiller d'État qui, pour s'en débarrasser, l'a présenté au ministre.

— Aujourd'hui on appelle cela de l'intelligence, quand ce n'est que de la bassesse.

— Parfait. Mais trouvez-moi donc un juif qui meure de faim.

※

Il y a de cela longtemps, en 1862, je crois. J'étais aux Folies-Dramatiques, dans le cabinet de M. Harel.

— Pour que nous puissions causer à l'aise, me dit ce dernier, j'ai fermé la porte à clé. Ici l'on n'est pas chez soi.

En effet, on frappe. Nous ne répondons pas. On frappe, plus fort, cette fois ; même silence. On maltraite alors la porte à coups de pied et à coups de canne, puis une voix criarde hurle :

— Ouvrez-moi donc, Harel, c'est moi Éliézer, du *Figaro*, j'ai absolument besoin d'un renseignement.

— Vous le voyez, me dit impatienté le directeur, je ne puis refuser d'ouvrir à cet importun. C'est un Juif doublé d'un *reporter*, jugez de la ténacité !... Il a appris que je suis dans mon bureau, et il enfoncerait la porte plutôt que de s'en retourner bredouille. Ce gaillard-là arrivera, je vous le prédis, car il ne recule devant rien.

Le petit Éliézer est effectivement arrivé... mais à quel prix !...

*
* *

Parmi les anciens escrocs, aujourd'hui millionnaires, qui donnent des fêtes à Paris, il en est un qui, aussitôt après le siège et la Commune, alors que tant de familles mouraient de faim, distribua à ses invités pour *vingt cinq mille francs de fraises* en janvier.

Si l'on avait demandé cent sous à ce misérable pour les veuves et les orphelins qui pleuraient et grelottaient dans leurs taudis, pendant que dans son hôtel on se gavait, il aurait indubitablement répondu :

Puisqu'ils ont voulu la Commune, qu'ils en crèvent !

Honnête conservateur, va !

***

Un chevalier d'industrie, habitué du café des Princes, passe sa vie à emprunter à droite et à gauche ; il prend des engagements, souscrit des billets et prête sa signature de la meilleur grâce du monde à qui la lui demande. Il est si bon, si obligeant, ce cher chevalier ! Comment rendra-t-il ? de quelle manière remplira-t-il ses engagements ? ceci est une autre affaire, et je vous assure que c'est le cadet de ses soucis.

— Mais alors, c'est un malhonnête homme?

— Gardez-vous bien de le lui dire, ou même de l'insinuer. Ce noble chevalier est une fine lame et ses poignets sont de fer. Du reste, il compte, pour vous payer, sur une entreprise qui doit lui rapporter des millions. Une idée nouvelle, inouïe, destinée à révolutionner l'industrie ou la finance. Le mémoire est entre les mains d'un des plus gros capitalistes de l'époque, qui en est émerveillé. Un peu de patience donc, et tout ira pour le mieux au gré des créanciers. S'il a pris un engagement, c'est qu'il était fermement convaincu de pouvoir le remplir à la date indiquée. Et finalement il excipe de sa bonne foi avec un air si candide, que vous partez désarmé en lui serrant la main et en vous disant : » J'ai été vif avec lui ; c'est un honnête garçon, actif, entreprenant, et qu'on doit plutôt encourager qu'ennuyer. » Et voilà.

*
**

— Le petit Salomon a une belle place. Quels appointements ?

— Douze mille francs, sans compter le tour de bâton.

— C'est-à-dire sans compter les moyens plus ou moins propres qu'il emploie pour se faire vingt quatre mille francs. LE TOUR DU BATON !... demandez aux cumulards de l'empire ce qu'ils entendent par là.

*
\. \.

— Pourquoi Vérax, un vrai démocrate celui-là, est-il tenu à l'écart ?

— Parce qu'il est indépendant.

— C'est donc un crime ?

— C'est une absurdité quand on veut arriver. Les hommes libres, ne relevant que de leur conscience, n'appartenant à aucune côterie, ne thuriférant devant aucune idole, sont la terreur des intrigants.

— Ce sont là des mesquineries de clocher.

— Hélas ! il y a chez nous plusieurs partis politiques, et chaque parti est divisé en un nombre infini de petites églises. Et vous savez,

» hors de l'église point de salut » ici comme en religion.

— Décidément je resterai dans l'ombre, je hais les églises.

* *
*

— Des petites églises? il y en a partout. Voyez l'académie française. Croyez-vous que les mille manœuvres qui se perpètrent sous la coupole de l'institut, au moment d'une élection nouvelle, soient bien édifiantes pour la morale publique?... Que de courtisaneries! que de platitudes! que de scandales!

Victor Hugo aurait-il jamais été élu sous l'empire? et Renan? et Jules Simon? et Littré? et tant d'autres.

Alexandre Dumas père refusé à *cause de sa privée*, et son fils reçu malgré la pestilence de ses productions... Pauvre papa Dumas! qui nous disait un jour : « je ne comprends pas le théâtre de mon fils ; s'il continue ainsi, le gaillard, je ne sais pas ce qu'il finira par montrer au public! »

— Il est certain que l'œuvre de Dumas fils, depuis la *Dame aux camélias*, un diamant terni par la boue, jusqu'à la *Visite de noces*, une pochade de lupanar, est un plaidoyer en faveur de la fille de trottoir et un réquisitoire contre la femme de foyer. C'est grâce à cet avocat de talent que les criminelles du vice ont trouvé en quelque sorte grâce devant la société, qu'elles ont relevé la tête et jeté au monde des honnêtes gens un superbe défi.

— Ce qui ne l'a pas empêché d'entrer triomphalement à l'Institut. Continuons : Le duc d'Aumale avait-il des titres à l'immortalité ?

— Oui, des titres de noblesse.

— Et Emile Ollivier ?

— Il était alors président du Conseil, et les politiciens du Pont des arts croyaient que ça durerait. Ah ! ils s'en sont depuis diantrement voulu de cette nomination, qu'ils essayent mais en vain d'annuler.

— Et Sardou ?

— La coterie réactionnaire l'a récompensé de *Rabagas* bien plus que des *Pattes de mouches*, un bijou, et de *Patrie*, un chef-d'œuvre.

Quelle édifiante histoire il y aurait à écrire sur les réceptions académiques !

⁂

M. Emile Ollivier, nous dit-on, exhalait un jour ses plaintes à peu près en ces termes :
« Les républicains, dans leur petitesse de vue, n'ont pas compris qu'en acceptant la formation du ministère libéral du 19 janvier, c'était un sacrifice énorme que je faisais à mes convictions, et que je n'entrais aux affaires que pour assurer tôt ou tard le triomphe de la République. Je n'ai pas été servi par les événements, mais je suis convaincu que si les choses avaient mieux tourné, bon nombre de mes amis, aujourd'hui mes accusateurs, auraient fini par comprendre l'absurdité d'une opposition systématique et seraient venus me demander un portefeuille. Je n'ai pas réussi, donc je suis coupable. »

Tout ce que vous voudrez, M. Ollivier, mais ne parlez pas de vos convictions. Jusqu'au 19 janvier, vos principes démocratiques n'avaient pas été d'une rigidité exemplaire. Comme votre digne ami Clément Laurier, vous n'étiez qu'un avocat, rien de plus. En acceptant la présidence du conseil impérial, vous n'avez pas fait preuve d'un dévouement dont la République doive vous savoir gré. Vous étiez un intrigant pressé d'arriver. Vous avez manqué de flair. Que certains de vos amis fussent allés à vous, après le succès, c'est assez probable, par le temps de défection qui court, mais enfin ils ne vous ont pas suivi tout d'abord. Ils ont été plus habiles que vous. Aujourd'hui vous êtes couché et ils sont debout, vous êtes conspué et ils sont triomphants.

*
* *

— Je sais bien que M. X... a un poste important dans la diplomatie ; mais, sans fortune personnelle, il ne pourrait, avec ses seuls émoluments, mener son train de vie. Sa maison lui coûte au bas mot cent mille francs par an. Qu'y a-t-il encore là-dessous ?

— Voici. Depuis plus de vingt ans, il prête son nom à toutes les sociétés véreuses qui se sont fondées. Il touche, en échange, un certain nombre d'actions, qu'il s'empresse de vendre après l'émission. La société dégringole, les actionnaires sont ruinés, les administrateurs vont finir en police correctionnelle le plus souvent, mais M. X*** s'enrichit sans risques ni périls.

— C'est exactement ainsi que faisaient la plupart des députés, des sénateurs et autres fonctionnaires de l'empire.

— Oh ! Il y en a bon nombre encore aujourd'hui qui suivent ces excellentes traditions, mais une loi va, paraît-il, mettre un terme à ce cumul, bon sous un empire, indigne sous une république.

.
. .

— Caméléon, à bout de ressources, fait

maintenant du républicanisme à outrance dans un journal, lui le décoré de l'Empire, le commensal des Tuileries !

— Jadis, mon cher, à l'époque où il y avait encore dans les lettres une conscience, on eût très-vertement qualifié le dit Caméléon ; aujourd'hui, on se borne à dire de lui : c'est un homme d'esprit.

.˙.

— Comment !... M. de Z***, un homme dans une si brillante position, avoir été pincé, comme un vulgaire grec, dans une maison de jeu !... qu'allons-nous devenir, si les grands s'en mêlent ?...

— Par le temps de désarroi moral où nous vivons, cela n'a rien de surprenant. Du petit au grand, du gratte-papier au sénateur, celui qui ne sait pas équilibrer son budget est forcé de voler, soit d'une façon, soit d'une autre.

C'est fatal. M. de Z*** touchait trente mille francs par an, mais sa maison lui en coûtait soixante mille. Pour combler le déficit, il trichait au jeu. C'était bête, j'en conviens, mais, que voulez-vous, chacun vole comme il peut.

⁂

Alexandre, ce grand Fracasse de lettres qui nous assourdit de sa jactence, passe sa vie à médire de tout et de tous. Sa joue, il est vrai, est une place publique sur laquelle se donnent rendez-vous les mains qui éprouvent des démangeaisons. Son dos a reçu d'innombrables volées de bois vert... Et pourtant il ne s'est jamais battu et, — chose étrange! — ses insulteurs sont devenus ses amis et les familiers de sa maison. Quel est le mot de l'énigme ?

— Sa jeune et jolie femme, qui s'est toujours chargée de rapprocher les parties.

⁂

Un ancien bohême de lettres souvent cité pour ses réparties et aujourd'hui au pouvoir quoique sans opinion, *avait l'œil*, il y a quelque quinze ans, chez un restaurateur.

Un jour, ce dernier pressé d'argent prie son pensionnaire de lui souscrire un billet a trois mois. Ce qui fut fait, à l'échéance, un garçon de banque se présente.

— Entrez donc, mon ami, et causons, lui dit d'un air aimable l'écrivain, en lui désignant une chaise.

— Mais, monsieur, je suis pressé. Payez-vous cette broche ?

— Pardon, mais lisez, je vous prie, le libellé de mon billet : « le 15 août prochain je *parlerai* à M. X*** d'une somme de deux cents francs... » Voulez-vous maintenant causer un peu ?

L'employé partit en riant à se tordre.

Cette plaisanterie défraya pendant longtemps les conversations du café de Suède, et de la Brasserie des Martyrs.

Seul, le gargotier *la trouva mauvaise*, car elle lui coûta deux cents francs.

Plus riche *maintenant*, ce fonctionnaire

d'esprit songera-t-il à payer ses *frasques* d'autrefois?

* *

Le fils de B.***, le banqueroutier frauduleux en fuite, mène joyeuse vie à Paris, c'est un gommeux à la mode, dépensant sans compter l'argent volé par son père.

Avant hier matin il sort repu de chez Peters.

Un malheureux ouvrier amputé du bras droit l'accoste, et lui demande timidement de quoi acheter une livre de pain.

— Du pain? veux-tu aller travailler, paresseux!

Que de vertu doivent avoir les malheureux pour entendre de ces choses sans sauter à la gorge des polissons qui les expectorent!

* *

Un impressario bien connu est affligé d'une parente dont la profession est inscrite à la Préfecture de police, bureau des mœurs. Il ne la reçoit pas, bien entendu, et quand un maladroit lui parle de cette malheureuse, il déclare qu'elle est morte depuis longtemps.

Mais voyez la malechance de ce délicat : sa parente, dans le milieu où elle vit, raconte avec fierté que monsieur X...est de sa famille, qu'il n'a rien à lui refuser, et qu'à la première de la *Tulipe orageuse*, il lui a fait un service de douze places.

Et si l'on s'étonne, elle ajoute confidentiellement :

— Oh! je ne m'y trompe pas, allez; ce n'est pas par sympathie pour moi ce qu'il en fait. Il y est forcé..,

— Tiens, et pourquoi?

— Parce qu'il me trouve toujours lorsqu'il a besoin de quelques louis.

∴

— Eh bien! Avez-vous réussi dans vos démarches?

— Pas le moins du monde, et pour cause;

savez-vous qui j'ai reconnu dans l'un des chefs de l'administration où vous m'avez adressé?

— Quelque coquin probablement?

— X*** le juif condamné à trois ans de prison pour escroquerie financière... Alors vous comprenez... je suis parti comme si le diable m'emportait.

— Et vous avez eu tort.

— Comment! vous voulez que j'aille solliciter un repris de justice?

— Eh! parbleu!... on n'y regarde pas de si près aujourd'hui. Voyez toutes les notabilités de la politique, de la finance, qui encombrent son bureau et à qui il fait faire antichambre!... Mais, mon cher, si vous avez de ces délicatesses d'une autre époque vous ne parviendrez pas... Dès qu'un homme est en place, en situation d'être utile, on doit, sous peine de crever de faim, oublier son passé et avoir pour lui la déférence qu'on aurait pour un honnête homme.

— C'est affreux cela!

— Oui, mais c'est ainsi. X***, est dans cette administration, mais il y a d'autres X*** ailleurs.

— Autrefois, dès qu'un homme sortait de prison pour un délit infâmant, on détournait la tête, on ne le connaissait plus.

— Aujourd'hui on agit de même, si c'est un pauvre hère, sans fortune, sans position. Mais s'il a été assez habile pour sauver quelques millions, il reconquiert à l'instant sa place au soleil, on le salue, on le courtise comme devant. Et les honnêtes gens, à qui il répugne de se commettre avec ces gibiers de police correctionnelle, trouvent des prétextes pour vaincre leur répugnance : — « En somme X*** est un homme de mérite et d'un agréable commerce... qui sait s'il était coupable?... Et du reste, il n'a fait que ce que tant d'autres font impunément tous les jours... Il n'a pas eu de chance, voilà tout. »

— Et c'est ainsi que le sens moral s'oblitère, et que les gens réputés honnêtes en arrivent à se promener bras dessus bras dessous, *coram populo*, avec les fripons... Quelle jolie société !

— Quand on a besoin de manger, mon cher, il faut hurler avec les loups... sans quoi les loups vous mangent.

*
* *

Ce pauvre Antinoüs a enterré hier sa quatrième femme depuis dix ans.

— Il est tout consolé, car le voilà millionnaire, chaque femme lui ayant laissé 15 ou 20 mille livres de rente.

— Ah ça, il les choisit donc affreusement phthisiques ses femmes, pour les perdre ainsi ?

— Non, il les tue de chagrin. Très-séduisant, il se fait adorer par une naïve pensionnaire, qu'il délaisse une fois marié, pour les éthaïres du boulevard. La pauvre fleur s'étiole, se dessèche, et meurt.

Le code n'a pas prévu l'assassinat moral.

*
**

— L'affaire pour laquelle vous me demandez des fonds est évidemment fort belle, mais encore faut-il que vous m'offriez de sérieuses garanties de capacité, d'intelligence, d'aptitude industrielle.

— Vous connaissez mes références ?...

— Oh! oui, d'excellentes recommandations ; je vous tiens pour un homme de grande instruction et d'irréprochable probité, mais... mais vous n'avez encore rien entrepris, on ne vous a pas vu à l'œuvre.

— Il faut bien commencer, et il me semble qu'avec de la volonté, du savoir, de l'honnêteté, et une affaire d'or...

— Pour nous, financiers, cela ne suffit pas ; et nous préférons cent fois commanditer, pour une opération moins sûre, des individus qui ont donné des preuves, non de leur savoir, mais de leur savoir faire : les Hippolyte, les Victor, les Léon, les Clément, les

Abraham, les Jacob, les Alphonse, et tant d'autres...

— Mais tous ces gens-là ont failli, et certains plusieurs fois...

— Eh! eh! précisément, faites faillite comme eux et vous trouverez des capitaux.

⁂

On me raconte qu'une petite feuille libérâtre a pour principaux commanditaires anonymes plusieurs industriels bonapartistes, tous millionnaires. Les apparences sont sauvegardées par un député centre gauche, leur parent, et qui seul est connu.

Le fait est piquant, mais je ne veux pas y ajouter foi.

Ce qu'il y a pourtant de singulier, c'est que ces industriels, — au demeurant de fort habiles gens, — ont été récompensés après l'exposition.

On sait se garder à carreau dans le clan de l'appel au peuple.

Un ancien misérable a dit : l'argent sent toujours bon.

Ce n'est pas notre avis : l'argent des bonapartistes doit diantrement puer !

*
* *

Entre deux fils de famille, à cinq heures du matin, devant le cercle d'Aguesseau :

— Tiens, te voilà ? je vais me coucher et tu arrives seulement ?

— Ne m'en parle pas... une vraie tuile, mon cher... depuis deux jours j'ai perdu mon père et ma mère.

— Ah ! sacrebleu ! quelle culotte !... Et tu hérites *gros* ?

— Dieu merci ! il était temps, mon pauvre vieux...

— Alors, allons souper.

*
* *

Un juge trop oublieux de la loi, lorsqu'il

s'agit de ses coréligionnaires les bonapartistes, vient de recevoir, nous dit-on, la petite note historique suivante :

« Hérodote rapporte que lorsqu'un juge avait rendu une sentence inique, il était condamné à mort, puis pelé, et sa peau servait à recouvrir le siége de son successeur. »

*
* *

Entendu dans le cabinet d'un directeur de théâtre léger :

L'ACTRICE. — Comment ! cinquante francs ? mais... ce n'est pas pour mes bottines.

LE DIRECTEUR (avec un sourire malin). En vérité, mais n'avez-vous pas les fauteuils d'orchestre ?

*
* *

Il y a quatre ou cinq ans de cela, la municipalité d'une petite station thermale du midi cherchait à emprunter trois cents cinquante mille francs pour la construction d'un Casino.

Un de nos amis était parvenu à trouver la somme, lorsqu'il reçut la nouvelle que l'emprunt était souscrit.

Vous ne devineriez jamais par qui? — Par les jésuites!

Les juifs sont forts.

Les jésuites sont plus forts. Eh bien! il y a encore plus forts qu'eux!...

Ce sont les Jésuites-Juifs.

La résultante de ces deux forces est épouvantable.

Les jésuites-juifs sont les maîtres du monde.

*
* *

— Que comptez-vous faire en sortant de Mazas?

— Je sacrifierai un million à la fondation d'un grand journal politique et financier... une idée à moi. J'y embaucherai les premiers écrivains de l'époque, et de préférence ceux qui m'ont le plus éreinté lorsque je suis tombé.

— Et vous pensez qu'ils consentiront à s'enrôler sous la bannière d'un banqueroutier frauduleux?

— Oui, la plupart... Ah! dame, en y mettant le prix; je paierai dix sous, vingt sous la ligne, s'il le faut, et mon cabinet de rédaction sera encombré.

— Pour l'honneur du journalisme français, j'en doute.

— Quelle illusion!... Voyez plutôt autour de vous... Et tenez, pas plus tard qu'hier, un publiciste des plus estimés s'écriait: « Je suis honteux d'écrire dans cette feuille, mais le moyen d'y résister? on m'y fait un pont d'or. »

Les convictions sont mortes, mon cher naïf, VIVE L'ARGENT!

— A bas l'honnêteté!... et vivent les coquins!

*
**

Le chef d'une grande industrie soi-disant artistique, M. Sol, a pour maîtresse une femme de théâtre. Ça le flatte. Son attachement n'est pas de l'amour, mais de l'amour-propre. Du reste, vaniteux par nature et n'agissant jamais qu'en vue du « qu'en dira-t-on ? »

Dans ses moments d'enthousiasme, il jette l'argent par la fenêtre et le regrette amèrement ensuite. Or, il a découvert un moyen, aussi ingénieux que canaille, pour se dédommager de ses gaspillages. Quand, après une journée ruineuse, il arrive dans ses ateliers, il se montre mécontent de tout et de tous, crie, hurle, tonne, et finalement met à l'amende de cinq francs, quinze, vingt ou trente employés, selon ses besoins. Il a ainsi bientôt rattrapé la somme dépensée la veille, soit en dîner, soit en cadeau.

Tout le personnel de la maison est fait maintenant à ce petit manége ; et quand l'artiste porte une bague ou une robe nouvelles les employés de dire :

— C'est nous qui avons payé ça.

*
* *

Un brillant ténor qui, par parenthèse, vaut

mieux que sa réputation, nous disait ingénûment dans une petite fête intime :

— Je dois l'avouer en rougissant, toutes les fois que je joue, je suis certain de trouver, le lendemain, sous mon paillasson, une douzaine de cartes de femmes et trois ou quatre bouquets chez mon concierge. Et ce qu'il y a d'attristant pour nos mœurs, ajoutait-il, c'est que la plupart des toquées qui courent après les artistes sont ou des jeunes filles du monde, ou des bourgeoises en quête d'idéal. Et quel réveil presque toujours, bon Dieu !

Ainsi parlait fort judicieusement ce don Juan lyrique, — ce qui ne l'empêcha pas de se laisser séduire par les huit lustres d'une millionnaire du noble faubourg qui, dit la chronique scandaleuse de l'empire, l'envoyait mystérieusement chercher avec sa calèche après chaque représentation.

*
* *

Cette dame, qui donne et a de tout temps donné dans le *cabot*, me rappelle cette autre personne mure de l'empire qui ne recevait dans ses salons que les jeunes poètes d'avenir. Elle les choyait, les calinait, les dorlotait avec une tendresse plus que maternelle, puis les conduisait par la main dans le cabinet directorial de quelque scène amie. Que de parnassiens ont dû à cette influence occulte l'éclosion de leurs œuvres !

J'avais alors vingt ans, et comme les camarades je voulais faire jouer mon petit acte en vers.

— Si vous tenez à réussir au théâtre, il y a un moyen sûr, le seul aujourd'hui, c'est d'être dans les bonnes grâces de madame de X... Désirez-vous que je vous présente ?...

— Merci bien, ce serait trop cher.

**
*

A propos d'un récent coup de bourse ministériel :

LE DÉPUTÉ MUTATUS. — C'est affreux !... c'est infâme !... ce sont des manœuvres dignes de l'empire.

UN COLLÈGUE. — Vous êtes pincé, n'est-ce pas ?

MUTATUS. — Parbleu !... mais il ne s'agit pas de moi... je parle au nom de la morale publique...

UN COLLÈGUE. — Farceur, va !

ULTIMA VERBA [1]

De ce qui précède, il ressort malheureusement, entre autres choses, que :

Paris est une immense forêt de Bondy, remplie d'ombres et de rayons, où l'honnête homme, cerné par les bandits les plus séduisants, a grand'peine à conserver intacts son honneur, sa femme et son porte-monnaie.

---

1. Ce livre, on le comprend, est loin d'être complet. Bien des considérations même m'ont imposé une certaine réserve. Cependant, aux éditions suivantes, — si éditions il y a, — j'ajouterai certains types que j'aurais trop de peine à laisser dans l'oubli.

FIN

TABLE

Les derniers mots d'un condamné à mort.	
Les rois du jour.	14
Deux débuts dans la bourse..	26
La Maison Crésus et Cie.	30
Harpagon jouisseur..	37
Un honnête homme.	44
Ce bon M. Basilic !	60
Le vampire des pauvres..	69
Le baron de Taraulitz.	73
Monsieur Mécène..	80
Amédée Placinet..	88
Un notaire très-fort.	93
Un avoué cynique..	105
Le ménage Pancrace Bouzard..	113
Les petits moyens de madame.	117

Le tailleur de la petite baronne.	125
Le luxe à outrance.	130
Madame de Sainte-Adresse.	134
Une promiscuité malsaine.	144
Un mari de son siècle.	149
Le docteur Roublard.	153
Le truc d'un directeur de théâtre.	161
Le radeau de la Méduse.	169
Deux boulevardiers connus.	192
Le petit Jolicarpe.	201
L'appartement du vieux Satyriasis	207
Le Musée du Louvre.	212
La morale du boulevard.	217

Imprimerie de Poissy — S. Lejay et Cie.

www.ingramcontent.com/pod-product-compliance
Lightning Source LLC
Chambersburg PA
CBHW071140160426
43196CB00011B/1959